中国森林旅游
CHINA FOREST TOURISM

2016 中国森林等自然资源旅游发展报告

国家林业局

中国林业出版社

图书在版编目（CIP）数据

2016中国森林等自然资源旅游发展报告 / 国家林业局主编.
-- 北京 : 中国林业出版社, 2017.11
ISBN 978-7-5038-9378-0

Ⅰ. ①2… Ⅱ. ①国… Ⅲ. ①森林资源－旅游资源开发－研究报告－中国－2016②自然资源－旅游资源开发－研究报告－中国－2016 Ⅳ. ①F592.3

中国版本图书馆CIP数据核字(2017)第280471号

中国林业出版社·生态保护出版中心

策划编辑 刘家玲

责任编辑 肖 静

出 版 中国林业出版社

（100009 北京西城区德内大街刘海胡同 7 号）

网 址 www.lycb.forestry.gov.cn

E-mail wildlife_cfph@163.com

发 行 中国林业出版社

电 话 (010) 83143577 83143519

印 刷 固安县京平诚乾印刷有限公司

版 次 2017 年 12 月第 1 版

印 次 2017 年 12 月第 1 次

开 本 889mm × 1194mm 1/16

印 张 6.5

字 数 130 千字

定 价 50.00 元

2016
中国森林等自然资源旅游发展报告

Preface

前　言

当前，森林旅游已经成为林业现代化建设的新热点、新亮点。一方面，各项林业改革不断深入、天然林全面停止商业性采伐，加快森林旅游发展是实现林业转型发展的内在需要；另一方面，公众的森林旅游需求快速增长，且需求日趋多样化，加大森林旅游产品的有效供给是社会发展的迫切要求。多年的实践表明，发展森林旅游是提高森林多功能利用水平的重要途径，是践行“绿水青山就是金山银山”重要思想的最佳途径。

近几年来，党中央、国务院出台了一系列重要文件，提出要加快发展森林旅游。各地发展森林旅游的热情持续高涨，森林旅游也越来越受到社会各界的广泛关注，多种社会资源向森林旅游领域汇聚的趋势非常明显，森林旅游在经济社会发展中的地位已经提升到了一个新的高度。2016年，国务院印发《“十三五”旅游业发展规划》，提出了“十三五”森林旅游发展的主要任务，并明确了由国家林业局牵头森林旅游工作。加快发展森林旅游将是今后一个时期林业建设的重点任务之一。

2016年是“十三五”规划的开局之年，在各级政府的高度重视和相关方面的大力支持下，全国森林旅游呈现出良好的发展态势，行业管理基础进一步加强，社会影响进一步扩大，发展空间进一步拓展，产业规模进一步壮大，带动能力进一步增强。2016年，国家林业局印发《林业发展“十三五”规划》，确定了包括“林业产业建设工程”在内的九大林业重点工程项目，其中森林旅游休闲、健康养生是“林业产业建设工程”的重要内容。2016年，国家林业局成立“国家林业局森林旅游工作领导小组”及其办公室，进一步加大了对森林旅游工作的组织领导力度。国家文化和自然遗产地保护利用项目显著加大了对国家森林公园建设的支持力度，有力地推动了国家森林公园的基础服务设施建设。以森林体验、森林养生为重点，包括生态露营、运动旅游、冰雪旅游、研学旅游等在内的森林旅游新业态得到了快速发展，森林旅游满足公众多样化需求的能力显著增强。通过成功举办2016中国森林旅游节、2016全国森林旅游产品推介会、2016全国森林旅游投资与服务洽谈会等活动，既扩大了森林旅游的社会影响，拓展了森林旅游市场，也为多种社会主体有序进入森林旅游领域创造了良好条件。2016年，建设运行了全国森林旅游游客量统计系统，推进了森林旅游基础研究和标准化工作，并在示范建设、人才培养等方面取得了新的进步。2016年，森林旅游游客量继续保持两位数的年增长率，全年森林旅游游客量达12亿人次，占国内旅游人数的27%，同比增长14.3%，创造社会综合产值9500亿元。与此同时，森林旅游的综合带动能力显著增强，2016年年初，国家林业局部署开展了森林旅游助推精准扶贫摸底调查，调查结果显示，依托森林旅游增收脱贫的建档立卡贫困人口数量达到35万户110万人，年户均增收3500元。

中国共产党第十九次全国代表大会做出了中国特色社会主义进入新时代的重要判断，习近平总书记在十九大报告中指出，我国社会主要矛盾已经转化为人民日益增长的美好生活需要和不平衡不充分的发展之间的矛盾。当前社会快速增长的森林旅游需求体现了人民群众对美好生活的需求，而森林旅游发展不平衡不充分的问题非常突出，5%的森林旅游地支撑了森林旅游产业的半壁江山，森林风景资源的整体利用效率还很低，森林旅游产品的有效供给明显不足，森林旅游发展质量和效益亟待提高。

“十三五”时期是我国森林旅游发展的重要机遇期，我们要以党的十九大会议精神为指导，以不断满足人民日益增长的美好生活需要为目标，以实现森林旅游的平衡、充分发展为途径，进一步加大森林旅游顶层设计，进一步拓展森林旅游发展空间，努力在乡村战略实施中有所作为，努力为推进生态文明、美丽中国建设做出新的更大贡献。

2017 年 10 月

Contents

目　录

Abstract
摘　要

森林旅游作为中国林业重要的朝阳产业、绿色产业和富民产业，在过去的30余年里，从无到有，从小到大，一直保持着加速发展的良好态势。2016年，全国森林旅游实现了较快发展，组织机构进一步完善，发展环境进一步改善，产业规模进一步增长，社会影响进一步扩大，行业地位进一步提升，森林旅游在提高森林等自然资源多功能利用水平、巩固林业改革成果、满足公众户外游憩需求、服务经济社会发展、促进生态文化传播、带动区域经济发展中发挥着越来越重要的作用。

（一）森林旅游组织机构进一步完善，工作部署力度进一步加强

2016年，国家林业局印发《关于成立国家林业局森林旅游工作领导小组的通知》，加强了对森林旅游工作的组织领导。各省（自治区、直辖市）林业厅（局）、各森工（林业）集团，进一步明确森林旅游作牵头处（室）。各地森林公园、湿地公园、沙漠公园等进一步完善了经营管理机制，《中华人民共和国国民经济和社会发展第十三个五年（2016－2020年）规划纲要》，明确要求加大对风景名胜区、森林公园、湿地公园、沙漠公园等的保护力度。国务院印发《"十三五"旅游业发展规划》，明确国家林业局牵头森林旅游工作。

（二）规划体系进一步完善，规划在引领行业发展中的作用进一步加强

2016年，《"十三五"旅游业发展规划》明确了今后一个时期森林旅游发展的重点任务，即以森林公园、湿地公园、沙漠公园、国有林场等为重点，完善森林旅游产品和设施，推出一批具备森林游憩、疗养、教育等功能的森林体验基地和森林养生基地；鼓励发展“森林人家”“森林小镇”，助推精准扶贫；加强森林旅游公益宣传，鼓励举办具有特色的森林旅游宣传推介活动。2016年，国家林业局印发了《国家沙漠公园发展规划（2016－2025年）》《全国热带雨林保护规划（2016－2020年）》和《全国城郊森林公园发展规划（2016－2025年）》。湖南、云南、上海、贵州、安徽等省（自治区、直辖市）编制、审议及印发了一系列森林旅游相关规划，为当地森林旅游健康发展奠定了基础。国家林业局继续抓好国家级森林公园总体规划的编制与审批工作；对长期未编制总体规划的国家级森林公园提出限期整改要求，并将总体规划工作作为国家森林公园动态管理的主要依据。

（三）森林旅游制度与标准化建设稳步推进，保护管理政策进一步完善

2016年，国家林业局印发《建设项目使用国家级森林公园林地审查意见办理规程（试行）》，江西、上海、福建、江苏、河北、天津、新疆、山东、安徽、湖南、陕西等11个省（自治区、直辖市）编制、修订及出台了一系列与森林、湿地相关的地方性法规、规章，为逐步建立起完善的森林旅游发展提供了有力的制度保障。

2016年，国家林业局森林旅游管理办公室启动了“森林旅游解说解释规范”等6项林业行业标准的起草工作；启动了江西省森林风景资源调查与评价试点工作，制定了《江西省森林风景资源调查与评价总体方案》和《江西省森林风景资源调查与评价实施细则》。国家林业局组织审定通过了《森林体验基地质量评定》《森林养生基地质量评定》《国家森林步道建设规范》和《生态露营地建设与管理规范》4项林业行业标准。上海、福建、江西、湖南、广东、四川、贵州等省（直辖市）起草、编制、评审或发布了涉及森林公园管理、森林人家和生态露营地建设、旅游示范县评定等方面的森林旅游相关标准，逐步建立起完善的地方标准体系。

（四）森林旅游地数量继续增长，基础服务设施条件进一步改善

2016年，新增森林公园158处、湿地公园223处、林业系统自然保护区73处、沙漠公园15处。截至2016年年底，全国共建成森林公园、湿地公园、林业系统自然保护区总数达7179处，其中，森林公园3392处，面积1886.67万公顷，湿地公园1486处，面积397.20万公顷，林业系统自然保护区2301处，面积12553.00万公顷；国家沙漠公园70处，面积34.07万公顷；全国森林公园共有旅游车船3.4万台（艘），旅游步道90664.42千米；各类森林旅游地接待游客的床位总数达200万张，接待餐位总数420万个。

（五）森林旅游示范建设和自然教育建设有序推进

2016年，国家林业局大力推进森林体验和森林养生发展，确定第一批共18个全国森林体验基地和全国森林养生基地建设试点单位；江苏省、湖南省的20个国家级森林公园开展以信息管理系统建设、服务基站系统建设、网络平台建设、移动客户端软件和游客服务内容开发建设为主要方向的智慧旅游建设；生态露营地建设快速升温，中国林业生态发展促进会露营产业发展委员会正式成立；全国森林旅游示范县(市)反响强烈，2016年确定了35家“全国森林旅游示范县”和1家“全国森林旅游示范市”。

为有效带动森林公园生态文化传播能力的提升，国家林业局决定继续实施国家级森林公园自然教育示范点建设，并选定4家国家森林公园作为2016年度示范点建设单位。

（六）森林旅游产业发展势头良好，经济效益再创新高

2016年，全国森林旅游直接收入1300亿元，同比增长

30%；创造社会综合产值9500亿元，占2016年国内旅游消费的24.4%，同比增长21.79%。全年接待游客量12亿人次，占2016年国内旅游人数（44.4亿人次）的27.03%，同比增长14.29%。森林旅游管理和服务人员数量达25.3万人，同比增长3.27%，其中，导游和解说人员约4.1万人，同比增长7.89%。各级林业部门着力培养高素质、高技能的森林旅游人才队伍，多次举办针对森林旅游从业人员的业务培训，提高从业人员素质，为我国森林旅游的持续稳步发展奠定了良好的基础。

（七）森林旅游助推精准扶贫潜力巨大

2016年，国家林业局印发《关于开展森林旅游助推精准扶贫情况摸底调查的通知》。通过就业实现增收，开展个体经营实现增收，发展种养殖实现增收，资源出租、入股经营实现增收等途径，全国依托森林旅游实现增收的建档立卡贫困人口已达到35万户110万人，年户均增收3500元，实现了生态保护与脱贫增收协调发展。国务院印发《"十三五"扶贫攻坚规划》，将"森林旅游扶贫工程"列入脱贫攻坚重要工程。

（八）森林旅游宣传推介活动持续推进，社会关注度不断提升

2016年，全国各级林业部门加大森林旅游宣传力度，打造森林旅游品牌，全面提升森林旅游的行业形象和综合效益。成功举办了2016中国森林旅游节和2016"中林杯"国家森林公园风光摄影大赛，强化国家级宣传品牌建设；开展了寻找中国森林氧吧、最美森林古道、最美生态等系列推选活动；编撰了《城郊森林公园理论与实践》和《国家森林步道》书籍，完善了全国森林旅游网络平台建设，共享森林旅游发展的成果；充分利用电视、报纸、广播、微信平台等公共媒体，加大森林旅游宣传力度，森林旅游影响力持续扩大，取得了良好的社会反响。

第一章

组织管理与工作部署

- 组织管理
- 工作部署

第一章 组织管理与工作部署

在新的历史时期，森林旅游是提高森林等自然资源多功能利用水平的重要途径，是新常态下推动林业产业转型升级的重要途径，也是建设生态文明、培养尊重自然、顺应自然、保护自然生态情怀的重要途径。2016年，在国家林业局及相关部门的高度重视下，各地森林公园、湿地公园、沙漠公园等方面的相关组织机构进一步完善，同时进一步加强了对森林旅游的工作部署，明确了森林旅游的指导思想、总体目的、主要任务和具体工作，加大了人才培训力度，提高了从业人员素质，为我国森林旅游的持续稳步发展奠定了良好的基础。

一、组织管理

（一）组织机构

2016年，在国家林业局的大力支持和指导下，各级森林旅游相关组织机构逐步完善，进一步促进了我国森林旅游健康发展。

9月，国家林业局第24次党组会研究部署森林旅游工作，决定成立国家林业局森林旅游工作领导小组。随后，国家林业局印发《关于成立国家林业局森林旅游工作领导小组的通知》（林场发〔2016〕131号）（以下简称《通知》），成立国家林业局森林旅游工作领导小组及其办公室，成员由12个司局单位组成，国家林业局森林旅游管理办公室设在国有林场和林木种苗工作总站。《通知》明确了领导小组的职责，即负责指导和协调森林旅游工作，审议森林旅游发展战略、规划、政策和重大项目等事项。国家林业局森林旅游管理办公室负责统筹谋划和协调推进全国森林旅游发展，承担全国森林旅游行业管理的日常工作。广西壮族自治区成立广西林业产业和森林旅游工作领导小组，共涵盖了广西林业厅办公室、计财处、产业处等15个处（室）为领导小组成员。

社团等其他组织发展迅速。7月，中国林业生态发展促进会露营产业发展委员会正式成立，该协会将主要建立和完善生态露营地的建设和服务标准，将森林公园、湿地公园、林业系统自然保护区以及其他类型森林旅游地与露营地产业建设结合起来，以更好地满足公众对森林旅游的多样化需求。陕西省申请成立"陕西省森林生态旅游协会"，已经获得陕西省民政厅正式核准。广东省成立了"广东省森林公园质量等级评定专家委员会"和"质量评定工作小组"，承担森林公园建设管理的具体组织实施工作，组织开展森林公园质量等级试点工作。

（二）人员培训

2016年，各级林业部门着力培养高素质、高技能的森林旅游人才队伍，多次举办了针对森林旅游从业人员的业务培训。具体情况见表1－1。

表1–1　2016年国家和部分省（自治区）森林旅游行业人才培训一览表

序号	类别	举办地	举办时间	培训班名称
1	森林公园	云　南	12月	国家级森林公园主任培训班
2		云　南	12月	国家级森林公园管理高级研讨班
3		山　东	6月	国家森林公园建设管理研讨班
4		云　南	3月	国家级森林公园申报培训班
		长　沙	5月	国家级森林公园自然教育研讨班
5		内蒙古	11月	内蒙古自治区森林公园主任培训班
6		广　东	12月	广东省森林公园建设管理培训班
7		云　南	6月	云南省森林公园森林旅游专题培训班
8		四　川	6月	四川省森林公园管理培训班
9		四　川	10月	四川省甘孜藏族自治州森林公园和湿地公园建设培训会
10		贵　州	8月	贵州省森林公园主任培训班
11	森林体验与森林养生	江　西	3月	江西省森林体验与森林养生产业发展座谈会
12		浙　江	4月	浙江省森林休闲养生培训班
13		浙　江	5月	浙江省森林休闲养生建设项目培训班
14	森林风景资源调查与评价技术	江　西	12月	江西省森林风景资源调查与评价技术培训班
15	生态旅游扶贫	四　川	3月	四川省四大贫困片区生态旅游扶贫开发培训班
16		四　川	11月	四川省凉山彝族自治州生态旅游助推精准扶贫培训班
17		广　西	12月	广西壮族自治区森林旅游管理业务和森林旅游产业扶贫培训班

1. 森林公园

国家级森林公园主任培训班　国家林业局森林公园管理办公室在云南省昆明市举办2016年度国家级森林公园主任培训班。培训班课程涵盖生态旅游、自然保护、自然解说、生态文化等多方面，涉及森林风景资源管理新方法与森林旅游体验新技术，森林公园自然体验、教育、康养的规划设计，森林公园自然解说的理论与实践，中国森林体验基地申报及建设思路等内容，推广了森林公园管理运营及智慧旅游的新技术、新产品，举行了两次森林公园建设及野生动物科普教育、植物解说实践现场教学活动。通过理论讲授、案例解析及现场教学，与会者普遍反映提高了认识、拓宽了思路、深化了理解，为有效做好国家级森林公园建设发展工作奠定了坚实基础。

国家级森林公园管理高级研讨班　国家林业局森林公园管理办公室在云南省昆明市举办2016年度国家级森林公园管理高级研讨班。研讨班上，专家讲授了森林风景资源管理新方法与森林旅游体验新技术、云南自然保护地发展与保护新理念与实践等内容，8个省级林业部门主管人员还分享了本地区森林公园森林旅游旅游管理实践经验。

国家森林公园建设管理研讨班 国家林业局森林公园管理办公室在山东省邹城市举办2016年度国家森林公园建设管理研讨班。采取研讨培训的方式，从机构建设、人员落实、总体规划编制、建设发展成效、旅游产品打造、保障机制建立等方面，重点检查了2012年度国家林业局批准设立的18处国家级森林公园的工作，强化事中监管，全国12个省级林业部门森林公园主管处（室）的负责人和2012年设立的18个国家森林公园所在地的政府分管负责人围绕国家森林公园建设和管理工作进行了深入探讨和交流。

国家级森林公园申报培训班 国家林业局森林公园管理办公室在云南省普洱市举办2016年度国家级森林公园申报培训班。来自30个省级林业主管部门、49个国家级森林公园申报单位的地方党政领导、公园主任、39个规划设计单位的技术人员300多人参加培训。本次培训班课程专门编印了《森林公园管理法规规定汇编》，重点解读了国家级森林公园审批与申报、国家级森林公园管理和总体规划编制的政策规定，来自江苏的国家森林公园管理部门结合自身特点，介绍了申报国家森林公园的注意事项、经验心得以及申报成功之后的收获与成效。随后，参会人员到普洱国家公园接受了现场教学，通过理论与现地相结合的培训，使参会人员对森林公园的建设管理有了新的领悟与感想。

国家级森林公园自然教育研讨班 5月16～21日，国家林业局森林公园管理办公室与中南林业科技大学旅游学院探索“产学研”合作，在长沙成功举办了2016年度国家级森林公园自然教育研讨班，来自全国50多处国家级森林公园一线的讲解员参加了培训，经过理论考试和实操考核，59人获国家森林公园自然讲解员证书，逐步形成森林公园自己的讲解队伍。

内蒙古自治区森林公园主任培训班 11月，内蒙古自治区林业厅在呼和浩特市举办2016年度全区森林公园主任培训班。本次会议的主要内容为：一是详细解读国家森林公园设立相关行政许可管理办法、国家级森林公园总体规划审批管理办法、建设项目使用国家级森林公园林地审查意见办理规程等政策法规；二是邀请内蒙古自治区林业监测规划院、内蒙古大学的专家系统讲授国家级森林公园总体规划规范、如何做好森林公园生态旅游规划；三是各盟（市）森林公园管理建设经验交流，组织参会人员到呼和浩特市大青山现场学习公园开发建设与管理方面的先进经验；四是听取各盟（市）森林公园建设和管理情况的汇报，探讨森林公园和森林旅游发展思路，并对内蒙古自治区森林公园下一阶段的发展提出要求。

广东省森林公园建设管理培训班 12月7日，2016年广东省森林公园工作会议暨森林公园建设管理培训班在广州召开。广东省森林公园建设的实践证明，森林公园是自然保护和生态建设的主要组成部分，大力发展森林公园是森林资源保护与利用、改善生态与改善民生、林业供给侧改革的最佳模式之一，相关改革和重大政策的出台，为森林公园和森林旅游业发展创造了更大的发展空间；

人们对回归自然的旅游需求，为森林公园建设展现了广阔的市场前景。

云南省森林公园森林旅游专题培训班　6月22～24日，云南省森林公园森林旅游专题培训班在昆明顺利召开。本次培训班为云南省41处森林公园管理机构、各州（市）森林公园主管部门的负责人及管理人员，以及部分森林公园规划设计单位的工作人员讲授了森林公园的规划、建设和管理要点，并邀请了高校专家针对森林公园教育和旅游功能的有效发挥、森林旅游产品开发、旅游开发的规范化管理等进行授课。本次培训班是云南省全省森林公园规范化管理的重要内容，对于森林公园管理机构的能力提升，森林公园保护、教育、旅游三大功能的有效发挥，以及森林旅游产业的有序健康发展将起到积极促进作用。

四川省森林公园管理培训班　6月，四川省举办的“四川省森林公园管理培训班”在成都举行。全省21个市（州）林业局森林公园工作管理人员、森林公园发展重点县林业局主要负责人、国家级森林公园和省级森林公园管理机构负责人、正在申报国家级或省级森林公园的申报单位负责人、在省级以上森林公园内投资开发经营生态旅游的企业主要负责人、从事森林公园申报资料（可行性研究报告）编制及规划设计单位的业务骨干等共计100余人参加了培训。

贵州省森林公园主任培训班　8月，贵州省水城玉舍国家森林公园组织开展了一期森林公园主任培训班，参加人员涉及各市（州）林业局、森林公园等关键岗位150余人。培训班邀请4位专家学者，围绕森林公园建设的理念、森林公园功能与总体规划编制技术要点、森林休闲养生产业加快林业生态产业转型升级、智慧旅游和智慧景区等方面进行了授课。

四川省甘孜藏族自治州森林公园和湿地公园建设培训会　10月18日，四川省甘孜藏族自治州召开森林公园和湿地公园建设培训会。会议邀请了森林公园和湿地公园管理、建设专家，为甘孜藏族自治州已建和拟建森林公园及湿地公园的县（局）相关负责人、林业部门主要负责人，州属林业企事业各单位负责人和业务人员作讲座。讲座内容丰富，切合甘孜藏族自治州森林和湿地资源情况实际，具有指导性、实践性和操作性。

2. 森林体验与森林养生

江西省森林体验和森林养生产业发展座谈会　3月4～5日，江西省森林公园管理办公室在靖安县三爪仑国家森林公园，组织召开了森林体验和森林养生产业发展座谈会。与会专家、有关省生态文明先行示范县（市、区）林业局、森林公园负责人围绕推进森林体验和森林养生产业发展政策保障、考核方法和主要指标以及市场定位等内容认真研究讨论，形成了初步意见，为推进全省森林体验和森林养生产业发展工作奠定了基础。

浙江省森林休闲养生培训班　4月，浙江省在磐安县举行了森林休闲养生培训班。国家林业局和省有关森林旅游休闲的领导和专家作了专题辅导，共有省内森林旅游行业相关人员200余人参加了培训。通过业务知识、经营理念、管理能力的辅导培训，为造就和培养一支高素质的经营管理队伍，促进浙江省森林旅游事业发展发挥了作用。

浙江省森林休闲养生建设项目培训班 5月，浙江省在衢州举办了全省森林休闲养生建设项目培训班，有关县（市、区）林业局领导及项目负责人等100余人参加了培训。培训期间举办了“浙江最美古道徒步活动”。

3. 森林风景资源调查与评价技术

江西省森林风景资源调查与评价技术培训班 12月12～13日，江西省举办了森林风景资源调查与评价技术培训班，邀请了有关院校专家分别就江西主要植物景观资源类型、江西主要地文和水文景观资源类型、森林风景资源调查与评价实施细则等进行专项讲解和培训。培训班参训人员涉及全省各市、县（区）林业局负责人，以及有关调查技术骨干共200余人。

4. 生态旅游扶贫

四川省四大贫困片区生态旅游扶贫开发培训班 3月，四川省林业厅在长宁县举办了第二期四川省四大贫困片区生态旅游扶贫开发培训班，培训贫困村干部达174名。本次培训采取专家授课、先进经验介绍、村干部交流以及现场考察相结合的培训形式，使各位学员提高了认识、开阔了视野、增长了知识、理清了思路，将在下一步四川省四大片区生态旅游扶贫开发工作中发挥积极作用。本次培训必将有效推动生态旅游扶贫工作。

四川省凉山彝族自治州生态旅游助推精准扶贫培训班 11月，凉山彝族自治州林业局在盐源县举办了生态旅游助推精准扶贫培训班，对全州县级林业主管部门、森林公园、自然保护区和森工企业80余人进行了培训。培训会主要讲授了森林公园建设、森林人家等级评定、森林康养基地发展、生态旅游节会活动举办、林业生态旅游扶贫攻坚等知识。各林业局负责人分别就森林生态旅游助推林业精准扶贫、乡村生态旅游助推林业精准扶贫、国有森工企业转型发展森林生态旅游等内容展开了经验交流发言。通过专家讲课与座谈交流的方式进行的培训，使学员们受益匪浅，开阔了视野，熟悉掌握了更多专业知识，对今后森林生态旅游助推林业精准扶贫工作具有较强的指导作用。

广西壮族自治区森林旅游管理业务和森林旅游产业扶贫培训班 12月，广西壮族自治区林业厅举办一期森林旅游管理业务和森林旅游产业扶贫培训班，聘请西南林业大学、广西大学的教授讲授森林体验、森林养生和森林旅游产业扶贫的知识，全区各级森林公园的负责人、业务人员共110余人参加培训。

二、工作部署

（一）国家层面

1. 引导推动全国森林体验与森林养生发展

1月，国家林业局下发《国家林业局关于大力推进森林体验和森林养生发展的通知》(林场发〔2016〕3号)，要求充分认识发展森林体验和森林养生的重要意义，加强组织领导和扶持力度，发挥森林在提供自然体验机会和促进公众健康中的突出优势，推动森林体验和森林养生的规范快速发展，在完善相关制度、标准的基础上，建立一批森林体验基地和森林养生基地，更好地满足人们日益增长的森林体验和森林养生需求。

2月，国家林业局森林旅游工作领导小组办公室印发《关于启动全国森林体验基地和全国森林养生基地建设试点的通知》(林园旅字〔2016〕17号)(以下简称《通知》)，标志着林业主管部门推动的全国森林体验基地和全国森林养生基地试点建设工作正式启动。

《通知》要求，各地要深入学习贯彻《国家林业局关于大力推进森林体验和森林养生发展的通知》文件精神，把发展森林体验和森林养生作为森林旅游行业管理的重要内容，要结合各地实际，统筹谋划，积极推进，以抓好、抓实森林体验和森林养生基地建设为切入口，充分汲取国内外相关领域的发展理念和成功经验，努力提高建设档次和服务水平，不断满足大众对森林体验和森林养生的多样化需求。《通知》指出，各地要对本区域森林体验和森林养生发展现状进行全面调查，调查主要内容包括：已经出台的相关文件、制度、标准等，已经林业主管部门认可的森林体验、森林养生示范县(试点县)和各类基地(中心)情况，以及其他已经开展的森林体验、森林养生建设实践情况。在此基础上，国家林业局森林旅游工作领导小组办公室将建立《全国森林体验和森林养生发展信息库》，并在今后的行业指导、人才培训、政策扶持、宣传推介等方面加以统筹安排。《通知》明确，"两个基地"的试点工作将在"十三五"期间逐年开展，各地要根据实际情况，认真遴选和推荐"两个基地"的建设试点单位，完成各地森林体验和森林养生发展情况调查登记和"两个基地"试点单位推荐。国家林业局森林旅游工作领导小组办公室将依据相关标准，并综合全国分区布局和基地特点等因素，对各地报送的申请单位进行比较遴选，择优确定年度基地建设试点单位。

7月，国家林业局森林旅游工作领导小组办公室印发《关于公布第一批全国森林体验基地和全国森林养生基地试点建设名单的通知》(林园旅字〔2016〕18号)，决定在辽宁枫林谷等18个基地率先开展全国森林体验基地和全国森林养生基地试点建设。《通知》要求各试点基地积极探索，努力创新森林体验和森林养生发展的新方式、新路径，为推动全国森林体验和森林养生发展出经验、树样板。

9月，第一批全国森林体验基地和全国森林养生基地试点建设名单报送试点建设工作方案，各试点工作全面展开，在全国范围内掀起了探索和发展森林体验、森林养生的热潮。拓展森林体验符合公众对森林旅游的多样化需求，推动森林旅游从以观光旅游为主向观光旅游与休闲度假旅游、运动健身旅游、文化教育旅游等并重转变，是森林旅游业的发展方向之一；森林对人类健康具

专栏1 国家林业局关于大力推进森林体验和森林养生发展的通知

林场发〔2016〕3号

各省、自治区、直辖市林业厅（局），内蒙古、吉林、龙江、大兴安岭森工（林业）集团公司，新疆生产建设兵团林业局，国家林业局各司局、各直属单位：

为深入贯彻落实党的十八届五中全会精神和《中共中央　国务院关于加快推进生态文明建设的意见》，进一步发挥森林多种功能，有效利用森林在提供自然体验机会和促进公众健康中的突出优势，更好地推动森林旅游的健康快速发展，现就有关事项通知如下。

一、充分认识发展森林体验和森林养生的重要意义

森林体验是人们通过各种感官感受、认知森林及其环境的所有活动的总称。通过有目的的森林体验设计和引导，可以帮助人们更好地了解自然及自然与人类生存与发展的关系，激发人们的创造性，并自觉培养起尊重自然、顺应自然、保护自然的生态情怀。森林养生是利用森林优质环境和绿色林产品等优势，以改善身体素质及预防、缓解和治疗疾病为目的的所有活动的总称。充分利用森林的体验和养生功能，是发挥森林多种功能的重要途径，是加快转变林业发展方式、激发林业生产力的重要途径，也是加强生态文明建设和健康中国建设的重要途径，它与人们日益增长的精神文化需求相契合，与建设生态文明和推动绿色发展的时代要求相契合。加快森林体验和森林养生发展，有助于推动森林旅游的创新发展和绿色发展，有助于发挥林业在弘扬生态文明、改善民生福祉中的巨大潜力。

二、加强对外交流，做好国外先进经验的引进、吸收和转化工作

森林体验和森林养生是经济社会发展的必然产物，它体现了人们对人与自然关系认识的提高，体现了人们在基本的物质生活条件得以满足后，对生活品质和精神文化领域的更高追求。在德国、日本、韩国等发达国家，发展森林体验和森林养生已经具有几十年历史，甚至已经成为青少年成长过程中的一门“必修课”，成为现代生活的一个重要组成部分。这些国家在探索发展森林体验和森林养生过程中积累了丰富的经验，值得我们学习和借鉴。各地要加强与相关国家和地区的交流，积极引进先进理念、成功经验和做法，并积极推动双边和多边合作。同时，要根据我国的国情、林情和各地实际情况，有创造性地推动森林体验和森林养生发展，避免照搬照抄、千篇一律。

三、加快硬件软件建设，高起点高标准推动森林体验和森林养生发展

有条件的森林公园、湿地公园、林业系统自然保护区以及其他类型森林旅游地，要把发展森林体验和森林养生纳入总体规划，大力加强硬件、软件建设，积极打造高质量的森林体验和森林养生产品。要根据森林旅游地的不同特点，明确森林体验和森林养生发展的主要方向、建设重点和功能布局。要在观光型体验的基础上，不断拓展和提升人们在认知、运动、生产、生活等方面的体验机会，增强游客参与性，提高满足感。要把加强对未成年人的自然教育作为森林体验的重点，结合对中小学生的自然教育要求，把森林旅游地建设成为对未成年人进行自然知识普及和生态道德教育的最生动的课堂。要在开展一般性休闲游憩活动的同时，为人们提供各有侧重的森林养生服务，特别是要结合中老年人的多样化养生需求，构建集吃、住、行、游、娱和文化、体育、保健、医疗等于一体的森林养生体系，使良好的森林生态环境真正成为人们的养生天堂。要加强森林体验（馆）中心、森林养生（馆）中心、森林浴场、解说步道、健身步道等基础设施建设，完善相关配套设施。要加强人才队伍建设，注重各类专业人才培养，建立志愿者队伍，不断提高相关工作的科学性、专业性，不断提高各项活动的组织管理水平。

四、加强组织领导和扶持力度，推动森林体验和森林养生的规范快速发展

各级林业主管部门要加强领导，认真研究，积极探索，不断创新森林体验和森林养生发展的新方式、新路径。要大力加强制度化、标准化建设，引导森林体验和森林养生事业的规范、有序发展。要在推进国（境）内外交流的基础上，逐步形成中外合作的长效机制，不断推进在政策、规划、标准、培训以及森林体验和森林养生产品开发等领域的深度合作。鼓励有条件的森林旅游地与国（境）外相关单位缔结姊妹关系，促进人员往来和业务合作。要把发展森林体验和森林养生作为各级林业基本建设、林业产业扶持、林业重点工程、林业信贷等的重要支持方向，积极争取相关中央投融资项目和地方财政支持，鼓励社会资金依法进入森林体验和森林养生产品开发领域。要在完善相关制度、标准的基础上，建立一批森林体验基地和森林养生基地，不断提高专业化服务水平，更好地满足人们日益增长的森林体验和森林养生需求。

特此通知。

国家林业局

2016年1月7日

有十分有效的作用，森林的高负离子含量、高植物精气、高氧气含量以及低PM2.5含量、低细菌含量、低噪音污染等优势是其他区域所难以企及的，发展森林养生无疑是提高森林多功能利用水平的重要着力点。

2. 引导森林旅游助推精准扶贫

3月，国家林业局印发《国家林业局关于开展森林旅游助推精准扶贫情况摸底调查的通知》（林场发〔2016〕42号）（以下简称《通知》），摸底调查范围面向全国，重点是面向同中央签署了脱贫攻坚责任书的中西部22个省（自治区、直辖市）。《通知》要求各地要充分认识森林旅游助推精准扶贫的重要性，及早组建调查队伍，全面开展摸底调查并认真做好建档登记，森林旅游管理办公室组织调研工作，并撰写扶贫调研报告。调查结果及分析见第四章。

专栏2 国家林业局关于开展森林旅游助推精准扶贫情况摸底调查的通知

林场发〔2016〕42号

各省、自治区、直辖市林业厅(局)，内蒙古、吉林、龙江、大兴安岭、长白山森工(林业)集团公司，新疆生产建设兵团林业局：

为深入贯彻落实中央扶贫开发工作会议精神，进一步挖掘森林旅游在助推精准扶贫中的巨大潜力，大力推动“十三五”时期森林旅游扶贫工作的全面深入开展，经研究，我局决定在全国范围内开展森林旅游助推精准扶贫情况摸底调查，现将有关事项通知如下。

一、充分认识森林旅游助推精准扶贫的重要性

“十三五”时期，是我国全面建成小康社会的关键时期，到2020年，我国现行标准下农村贫困人口实现脱贫、贫困县全都摘帽、解决区域性整体贫困是党中央、国务院确定的重大战略目标。扶贫工作与林业建设紧密相关，我国832个贫困县(集中连片特殊困难地区和国家扶贫开发工作重点县)中的大部分贫困地区位于大山区、大林区，森林风景资源相对富集，发展森林旅游的潜力巨大，在全国50%的贫困县中，仅国家森林公园、国家湿地公园、林业系统国家级自然保护区就达到537处，森林旅游在促进贫困人口脱贫中具有天然的地缘优势。另一方面，森林旅游具有产业链条长、就业门槛低、带动能力强等优势，是最贴近贫困人口生活、最容易帮助贫困人口增收的产业方向之一。因此，各地要充分认识森林旅游在助推精准扶贫中的极端重要性，真正把促进森林旅游扶贫作为“十三五”时期森林旅游发展的一项核心任务，发展成为我国林业扶贫工作的一大突出亮点。当前就是要全面掌握全国森林旅游助推精准扶贫的基本情况，为进一步深入推进“十三五”森林旅游扶贫工作打下坚实的基础。为此，各地要加强组织领导，明确责任人，逐级分解任务，扎实做好森林旅游助推精准扶贫情况摸底调查工作。

二、摸底调查范围

（一）摸底调查工作面向全国，重点是向中央签署了脱贫攻坚责任书的中西部22个省（自治区、直辖市）。

（二）调查登记的贫困人口是指主要依托森林旅游或可以主要依托森林旅游实现创收的所有已建档立卡的贫困人口。

（三）摸底调查针对森林旅游两个层面的带动情况，一是贫困人口直接或间接依托各类森林旅游地（森林公园、湿地公园、林业系统自然保护区、沙漠公园、林业观光园、野生动物园、国有林场等）的建设发展而实现创收的；二是各地依托其他森林、湿地、荒漠和野生动植物资源发展森林旅游，贫困人口直接或间接从中收益的。

三、森林旅游促进已建档立卡人员创收的主要途径

（一）通过就业创收。主要包括:

1.森林旅游地务工（包括相关合作企业聘用），如保洁、保安、车辆驾驶、工程施工、解说、接待、绿化、设备维护和运营、娱乐场所管理等。

2.在各类森林旅游接待服务点务工，如在森林旅游地所在地或沿线或其他区域开办的餐饮店、森林人家、农家乐等务工。

3.在面向森林旅游游客的各类加工厂、制造厂等务工。

（二）通过开展个体经营创收。包括经营森林旅游接待服务、生产加工、休闲娱乐等，如开办森林人家、农家乐、食品加工厂，经营采摘园、销售摊位，批发农产品等。

（三）通过发展种植养殖创收。包括通过开展种植或养殖，向森林旅游地及其他相关接待服务点、生产加工厂等提供蔬菜、家禽家畜、林下产品、水产品、干果、水果以及直接向游客销售这些土特产品等。

（四）通过租赁、入股经营等创收。包括通过林地、耕地、人力、房屋、资金等的租赁、入股经营等参与森林旅游经营而获利。

（五）其他与发展森林旅游相关的创收途径。

四、摸底调查具体要求

（一）及早组建调查队伍。各级林业主管部门要迅速动员，组织好各类森林旅游地、林业工作站及其他相关林业单位共同参与，特别是要与各级扶贫部门、乡镇政府、村社组织等加强沟通协调，做到优势互补、信息共享、分工协作。

（二）全面开展摸底调查。调查工作要覆盖所有能通过发展森林旅游实现创收的建档立卡人口，做到全覆盖、无死角。

（三）认真做好建档登记。要组织、指导各级基层单位认真填写森林旅游助推精准扶贫基本信息表(格式由各地自行设计)，并认真做好审核、汇总和登记工作。

五、其他

各地要在摸底调查的同时，认真总结和梳理森林旅游扶贫工作的经验和问题，抓住典型，加强宣传，大力推广。要认真分析不同区域、不同群体贫困的主要原因，深入研究森林旅游扶贫的切入点，积极探索森林旅游扶贫的有效途径。要进一步加强行业指导，加强政策扶持，按照扶贫工作“六个精准”的要求，把森林旅游扶贫工作抓实、抓好。各类森林旅游地要加强与当地社区的互动，在发展森林旅游中互相支持、互相促进、合作共赢，特别是要为周边建档立卡贫困人口优先提供就业机会、优先创造农产品和森林食品销售出路，要建立稳定的帮扶机制，确保帮扶工作有保障、见成效。

特此通知。

国家林业局

2016年3月28日

3. 召开森林旅游工作座谈会

12 月 28 日，国家林业局在北京组织召开森林旅游工作座谈会。中国工程院原副院长沈国舫院士应邀出席并发言，来自相关高校和研究机构的权威专家、学者、森林旅游行业管理和基层管理人员、县级政府负责人、投资商等代表参加了座谈会。会议主要分析了当前森林旅游发展的突出问题，并研究提出了对策与建议。

在森林旅游发展中，目前存在两个突出矛盾，一是需求与供给的矛盾。森林旅游的需求越来越高，但供给远远不能满足。二是保护与利用的矛盾。在利用方式上要注意热点地区的特殊性，注重生态环境的保护。同时，要研究如何把全国范围内的大量优质资源有效利用起来。一些地区的森林旅游发展较为缓慢，存在着规划理念落后、基础服务设施条件差、人才匮乏、引进战略投资伙伴难等问题。同时，国家扶持不足、部门协调不足、行业监管不足在一定程度上影响了森林旅游的发展。

今后国有林场转型的主要方向就是发展森林旅游，林业应当把发展森林旅游当作主业来看待，打造和完善森林旅游业标准，充分发挥市场的作用，实现自然发展、生态发展、有效发展，要特别处理好民企与国企的关系。在政策层面进一步规范森林旅游发展的要求，做到有据可循。同时，可通过设立林业投资基金，吸引社会资本进入森林旅游领域。要增强与扩展森林旅游的综合功能，要实现森林旅游的公益性与商业性、事业功能与产业功能的结合与互补，创新森林旅游经营管理体制机制，加强森林旅游人才培育与科研工作等。通过加强部门协调、促进产业联动与合作，形成推动森林旅游发展的合力。

4. 建立全国森林旅游游客量精准统计系统

国家林业局森林旅游工作领导小组办公室（国家林业局森林公园管理办公室）印发《关于建立全国森林旅游游客量精准统计系统的通知》。全国森林旅游游客量精准统计系统是依托中国森林旅游网报送系统，面向全国各类、各级森林等自然资源旅游地的在线信息管理系统。该系统采取典型抽样，以分布在各省的一部分森林公园、湿地公园、自然保护区作为游客量信息采集点，通过定时报送游客量信息，准确反映各森林旅游地的实际游客量及其变化规律，为研究制定相关政策和措施提供第一手资料。另外，根据典型抽取的信息采集点的年游客量，采取比值估计法，还可以计算出某一时段全国森林旅游游客总量。

5. 开展全国森林旅游吸纳社会投资情况摸底调查

2016 年 7 月，国家林业局森林旅游管理办公室组织开展了森林旅游吸纳社会投资现状调查。此次调查采取全面调查的方式，调查对象为全国 31 个省（自治区、直辖市）、4 个森工（林业）集团公司的森林旅游地，调查内容包括森林公园、林业系统自然保护区、湿地公园、沙漠公园、国有林场、野生动物园、林业观光园、树木园等的投资企业情况和投资情况。调查结果显示，截至 2016 年 10 月底，全国森林旅游吸纳社会投资 1390 亿元，投资企业数量 1360 家。其中：20% 的企业投资规模超亿元，占投资总额的 76%；50% 的企业投资规模在 5000 万元以下，仅占投资总额的 9%。① 从投资主体看，民营企业投资占森林旅游投资的半壁江山，民营企业共 1204 家，完成投资 778.4 亿元，占全部投资的 56%。② 从投资方向看，530 家企业投资了森林旅游地的具体项目经营，主要有索道、游览车船、食宿、演艺活动等，占全部投资方向的 39%，另外景区经营占 30%，整体经营占 26%。③ 从投资区域结构看，西部地区完成投资 340.2 亿元，占总投资的 24.5%；东部地区完成投资 607 亿元，占总投资的 43.7%；中部地区完成投资 415.3 亿元，占总投资的 29.9%。

6. 开展全国森林旅游社会需求情况调查

为了较系统地了解公众的森林旅游需求，国家林业局森林旅游管理办公室委托西南林业大学生态旅游学院、中国科学院地理科学与资源研究所、中国林学会咨询部联合开展了以“森林体验与森林养生”为主题的社会调查活动。2016 年 5 月 16 日至 6 月 1 日，通过“问卷星”平台向社会公众发放电子微信问卷。问卷共设 29 个问题，有的是单选题，有的是多选题。期间，收到有效问卷 5839 份，受访者覆盖全国 31 个省（自治区、直辖市）和台湾地区，覆盖不同年龄段、不同学历、不同职业、不同收入的社会公众，男女比例为 47.9：52.1。占受访者比例超过 5% 的省（直辖市）依次为：北京（13.14%）、山东（10.09%）、云南（9.44%）、广东（6.66%）、四川（5.69%）、浙江（5.58%）、山西（5.22%）。

通过对大量数据的分析，得出了以下结论。

（1）大力发展森林旅游是社会发展的必然要求

随着人们生活水平的不断提高，以及空气污染、交通拥堵、竞争压力大、人际关系复杂等种种城市化问题的不断凸显，人们对走进森林、体验自然的需求越来越迫切，大力推进森林旅游供给侧结构性改革，加快完善森林旅游基础服务设施，推动森林旅游从局部热络向全面繁荣转变，是时代赋予我们的神圣使命。

（2）必须改变“景点旅游”的传统旅游发展思路

旅游业已经从景点旅游向全要素旅游转变。人们去森林旅游地，主要不是为了去“看景”，“放松心情”才是人们森林旅游的主要动机。过去挖空心思地找景点、造景点的做法已经不合时宜。推动森林旅游从以观光旅游为主向观光旅游与休闲度假旅游、运动健身旅游、文化教育旅游等并重转变，才是森林旅游行业应该选择的正确方向。

（3）拓展森林体验符合公众对森林旅游的多样化需求

好奇心是人与生俱来的，旅游本身就散发着浓浓的猎奇的色彩。人们在亲近自然的同时，希望得到更多参与互动的机会，得到更多更深刻的体验享受，同时也对了解更多自然知识和自然奥秘充满热情。所以，应当结合各地实际情况，根据公众多元化的森林体验需求，认真谋划和积极打造各具特色的森林体验产品。

（4）森林养生的发展前景十分广阔

高达 92.97% 的公众有兴趣接受森林养生服务，还有什么新业态具有如此震撼的吸引力？世界上无数的研究和实践都证实，森林对人类健康具有十分有效的作用。森林的高负离子含量、高植物精气、高氧气含量以及低 PM2.5 含量、低细菌含量、低噪音污染等优势是其他区域所难以企及的，发展森林养生无疑是提高森林多功能利用水平的重要着力点。

（5）发展城郊型森林公园符合公众期待

再美的风景也无法吸引人们无数次的造访，因为那只是一个“景”，看过了也就满足了。但森林体验则不同，亲近自然是深入骨髓的生命需求，可以说这是一份“情”，甚至是一种“魂”。周末时间，人们基本选择在 2 小时以内车程范围内活动，如何满足公众周末的自然体验需求？大力发展城郊型森林公园就是一个很好的选项。

（6）保持自然气息应成为坚守的原则

人们走进森林是去亲近自然、体验自然、了解自然的，并通过这一过程达到愉悦心情、改善健康等目的。森林旅游地最吸引公众的是“清新的空气”和“宁静的自然”，保持自然风貌和那一份难得的宁静，既是资源保护的必然要求，也是提高公众体验质量的不二选择。这种理念，应当贯穿于总体规划、开发建设和经营管理的全过程。

（7）森林旅游迫切需要提高“科学含量”

与观光旅游不同，深度体验必须有一定的“科学含量”来支撑。从解说内容来看，人们希望多了解一些关于动植物和风土人情的知识，而不是肤浅的“传说故事”和各类“景点旅游”思维下“三分像、七分想”的衍生品。加强基础研究和解说人员的业务培训，在优化传统解说媒介功能的同时拓展新媒介应用，都是行业必须研究推动的工作。

（8）停车设施建设可能是个绕不开的“问题”

过去一些年，人们的出行方式发生了很大改变。本次调查显示，近六成受访者选择了自驾车作为小长假期间的出行方式，或许随着私家车的普及，这一比例还会提高。如何在符合资源保护要求的同时，为自驾车旅游提供便利，是我们必须面对的问题。应该说，停车设施一定要建，关键在于哪儿建、如何建，以及与其他设施如何衔接、如何管理等。

（9）人们最中意的服务中离不开乡土化气息

除了一些必需的硬件设施以外，人们在可选择的服务中最难割舍的是那份对“乡土化”“原汁原味”的眷恋。无论是餐饮还是购物，富含乡土气息是人们做出选择的重要衡量指标。因此，对森林旅游地来说，不要纠结于城市百姓平时吃什么、用什么、买什么，而要用心于城市百姓平时吃不到、用不了、买不着什么，“过度服务”的结果往往是适得其反。

（二）省级层面

表1－2列出了2016年部分省(自治区、直辖市)召开的森林旅游相关会议。

1. 广东省森林公园工作会议

12月，广州举办了全省森林公园工作会议暨森林公园建设管理培训班，各地级以上市林业主管部门分管领导和森林公园主管科（室）负责人、省属国有林场负责人、各国家级森林公园负责人、广东省森林公园协会代表共80余人参加了培训。培训班邀请多位业内和科研院校的专家开展了针对森林康养、国家公园建设、森林公园质量等级评定等的主题讲座，南台山国家森林公园和江门滨江新区代表作了经验交流。

2. 第十一届贵州旅游产业发展大会

第十一届贵州旅游产业发展大会暨“唱响多彩贵州”旅游文化展示推介会

表1-2　2016年部分省（自治区、直辖市）召开的森林旅游相关会议

序号	省份	时间	会议名称
1	广东	12月	广东省森林公园工作会议
2	贵州	5月	第十一届贵州旅游产业发展大会
3	贵州	8月	贵州省森林旅游工作会
4	江西	3月	江西省森林体验和森林养生发展专题座谈会
5	江西	5月	江西省森林风景资源调查专家指导会
6	浙江	4月	浙江省森林休闲养生工作座谈会
7	浙江	9月	浙江省森林特色小镇和森林人家建设现场推进会
8	山东	11月	山东省森林公园总体规划编制工作推进会

在遵义市茅台镇隆重举行。会议强调，要深入贯彻习近平总书记系列重要讲话精神，特别是视察贵州时的重要指示要求，全面落实五大新发展理念，强力推进旅游供给侧结构性改革，大力发展全域旅游、山地旅游、乡村旅游、文化旅游、智慧旅游、满意旅游，打造“山地公园省•多彩贵州风”旅游品牌，推动旅游业实现“井喷式”增长，努力将贵州建设成为世界知名山地旅游目的地和山地旅游大省。进入“十三五”，贵州省旅游业迎来了加速发展的黄金期，实现了“井喷式”增长，下一步将大力发展全域旅游，注重全景式打造、全社会参与、全产业发展、全方位服务、全区域管理，加快实现从“景点旅游”向“全域旅游”转变。

3. 2016年贵州省森林旅游工作会

为总结“十二五”森林旅游及森林公园工作，贯彻贵州省委、省政府大力发展旅游、实现旅游“井喷式”增长一系列重要精神，深入分析森林旅游的新形势并安排部署“十三五”工作，2016年贵州省森林旅游工作会在贵州省水城县玉舍国家森林公园召开。会上，省营林总站负责人总结了“十二五”森林旅游工作，并介绍了“十三五”工作打算，通报了2015年全省森林公园监督检查整改情况，介绍了贵州省森林人家建设标准（讨论稿）并部署了参加全国2016年森林旅游节工作。会上宣布了2016年新设立的10处省级森林公园和2016年贵州森林旅游风光摄影大赛获奖名单。“十二五”期间，贵州省森林旅游与森林公园发展取得了明显成效，森林公园规划、建设、管理、市场营销都健康快速推进，森林旅游在全省脱贫攻坚中贡献逐年加大，在全省旅游发展中已占据了一席之地。

4. 江西省森林体验和森林养生发展专题座谈会

3月4～5日，江西省森林公园管理办公室在靖安县三爪仑国家森林公园，组织召开了森林体验和森林养生产业发展座谈会。座谈会就推进森林体验和森

林养生产业发展进行了现场调研和讨论。会议首先认真学习了《国家林业局关于大力推进森林体验和森林养生发展的通知》、国家林业局森林旅游工作领导小组办公室《关于启动全国森林体验基地和森林养生基地建设试点的通知》、江西省生态文明先行示范区建设领导小组办公室《关于全省第一批生态文明先行示范县（市、区）建设实施方案有关事项的通知》等文件。并对推进森林体验和森林养生产业发展做了工作要求：一是各地要高度重视，强化认识，有效推进；二是围绕工作重点，加快启动试点项目建设。通过认真研究讨论，形成了初步意见，为下一步启动和推进全省森林体验和森林养生产业发展工作奠定了基础。

5. 江西省森林风景资源调查专家指导会

5 月 31 日，江西省林业厅在靖安县三爪仑国家森林公园组织召开了全省森林风景资源调查与评价专家指导会。会上，相关专家先对《江西省森林风景资源调查与评价实施细则》作了解读，就江西省森林风景资源情况作了专业讲解，并对开展森林风景资源调查与评价工作做出了既要有主题又要有特色等要求，而后对《江西省森林风景资源调查与评价实施细则》做了进一步补充，最后指出开展森林风景资源调查与评价工作的背景和重要意义，特别强调江西省作为全国开展森林风景资源调查与评价工作试点省份，要突出资源特色，高质量、高标准地完成本次调查与评价工作。在讨论阶段，与会的调查人员踊跃发言、咨询问题，回答的专家根据学识范围给出了专业的解答。通过这次专家指导会，指明了开展工作的目标，明确了工作思路，对进一步开展森林风景资源调查与评价工作具有重要的指导意义。

6. 浙江省森林休闲养生工作座谈会

4 月 27 日，作为 2016 中国 (温州) 森林旅游节的重要内容之一，浙江省在平阳召开了森林休闲养生工作座谈会。会议主要分析了浙江省森林旅游发展现状，近几年来，浙江省的森林旅游业发展进入了快车道，各地持续举办了 20 余届 (次) 的“浙江森林旅游节”，加大森林旅游的宣传力度，扩大浙江森林旅游品牌的影响力和市场占有率。开展最美森林、古道、山峰、峡谷、古树名木等“最美系列”评选，公众高度关注，彰显了森林旅游休闲的品牌效应和深厚的历史文化底蕴。同时探讨了森林旅游发展方向，将在加快促进森林旅游业发展方面进一步做好服务和宣传推介工作，培育更多的森林旅游优质品牌，使森林资源得到更有效的保护。特别要加强对森林休闲养生建设试点县的指导，加大力度培育森林特色小镇和森林人家，合作推进森林古道的保护和利用，合力拓展森林休闲养生新业态。

7. 浙江省森林特色小镇和森林人家建设现场推进会

9 月 28 日，浙江省森林特色小镇和森林人家建设现场推进会在长兴县举行。会议指出，创建森林特色小镇是新形势下加快推进全省林业改革发展、建设现代林业经济的一项重要举措，也是促进林业产业转型升级和拓展森林休闲养生新业态的重要抓手。浙江省林业厅相继出台了《关于加快森林休闲养生业发展的意见》《森林特色小镇和森林人家建设指导意见》等政策文件，计划通过 3 年时间，在全省培育建成 20 个左右森林特色小镇、100 个以上森林人家。通过本次推进会，不断探索总结森林特色小镇、森林人家的建设经验，大力弘扬生态文化，实现资源优化配置和集约化、规模化经营，促进第一、二、三产业融合发展，为人民群众提供更多更好的生态产品，实现市民得健康、农民获效益、生态受保护、产业稳发展的可持续目标，以实际行动践行“绿水青山就是金山银山”的重要思想。

8. 山东省森林公园总体规划编制工作推进会

为加快山东省森林公园总体规划编制工作进度，进一步规范森林公园建设管理，山东省森林公园管理办公室在济南组织召开了全省森林公园总体规划编制工作推进会，全省 17 地市林业局分管森林公园工作的科（站）长参加了会议。会上组织学习传达了《山东省林业厅关于加强森林公园总体规划编制和修编工作的通知》（鲁林场字〔2016〕277 号），对省内森林公园总体规划编制或修编工作进行部署推进。会议指出，近年来，各级林业主管部门以编制森林公园总体规划为重要抓手，不断深化行业管理，森林公园建设取得了长足发展，在资源保护、科普教育、推动林业转型发展等方面发挥了重要的示范引领作用，为生态文明建设做出了积极贡献。

第二章

制度、规划与标准化建设

- 制度化建设
- 发展规划
- 国家级森林公园总体规划
- 标准化建设

第二章 制度、规划与标准化建设

一、制度化建设

（一）全国层面

1．国家林业局森林公园管理办公室发布了《国家级森林公园设立、撤销、改变经营范围或者变更隶属关系审批事项服务指南》

本指南适用于事业单位、企业、社会团体、公民个人设立国家级森林公园的申请和办理，以及国家级森林公园撤销、改变经营范围、变更隶属关系的申请和办理。

2．印发了《国家林业局关于省级以下森林公园审批有关事项的通知》

为保障森林公园的依法审批，规范省级以下森林公园审批有关事项，4月15日，国家林业局印发了《国家林业局关于省级以下森林公园审批有关事项的通知》（以下简称《通知》），对认真贯彻落实《国务院关于第二批取消152项中央指定地方实施行政审批事项的决定》（国发〔2016〕9号）进行了全面阐述，强调各地实施省级以下森林公园行政审批只能依据《中华人民共和国行政许可法》的规定设定，不能以1994年《森林公园管理办法》为依据。《通

专栏3 国家林业局关于省级以下森林公园审批有关事项的通知

林场发〔2016〕47号

各省、自治区、直辖市林业厅（局），内蒙古、吉林、龙江、大兴安岭、长白山森工（林业）集团公司，新疆生产建设兵团林业局：

为全面贯彻落实《国务院关于第二批取消152项中央指定地方实施行政审批事项的决定》（国发〔2016〕9号，以下简称国发〔2016〕9号文件）精神，进一步加强省级以下（省、市、县级）森林公园建设发展，确保森林公园行政管理的稳定有序运行，推动森林公园事业健康持续发展，现就省级以下森林公园审批有关事项通知如下。

一、深刻领会和准确把握国发〔2016〕9号文件的精神

根据国发〔2016〕9号文件要求，“行政许可只能依据《中华人民共和国行政许可法》的规定设定，不得把已取消的中央指定事项作为行政许可的设定依据。尚未制定法律、行政法规的，地方性法规可以设定行政许可；尚未制定法律、行政法规和地方性法规的，因行政管理的需要，确需

立即实施行政许可的，省、自治区、直辖市人民政府规章可以设定临时性的行政许可。”1994年原林业部发布施行的《森林公园管理办法》属部门规章，因此依照《中华人民共和国行政许可法》的规定和国务院清理规范中央指定地方实施行政审批事项的要求，各地实施的省、市、县级森林公园行政审批不能以《森林公园管理办法》为依据。

二、有效规范省级以下森林公园的审批

截至2015年底，我国共建立826处国家级森林公园、1402处省级森林公园和1005处县（市）级森林公园，省级以下森林公园是我国森林公园建设发展体系的重要组成部分。各地要把省级以下森林公园审批作为本地区森林公园建设发展工作的重要环节，认真抓实做好，确保省级以下森林公园审批的公开、公正、透明开展。实施省、市、县级森林公园行政审批，已经有地方性法规规定或者省、自治区、直辖市人民政府规章设定临时性行政许可的，要按《中华人民共和国行政许可法》的规定进一步完善审批程序、简化审批环节、减少申请材料，加强规范；尚未出台地方性法规或者省级人民政府规章的，要加快推进森林公园立法，力争尽早出台，依法实施省、市、县级森林公园行政审批。

特此通知。

国家林业局

2016年4月15日

知》指出，省级以下森林公园是我国森林公园建设发展体系的重要组成部分，各地需有效规范省级以下森林公园的审批。

3．印发《建设项目使用国家级森林公园林地审查意见办理规程（试行）》

国家林业局森林公园管理办公室制定《建设项目使用国家级森林公园林地审查意见办理规程（试行）》，对建设项目使用国家级森林公园林地审查意见的申请材料、办理程序、出具不予同意审查意见的情形、未如实提供申请材料或提供虚假材料情况的处理等做出明确规定。

专栏4　建设项目使用国家级森林公园林地审查意见办理规程（试行）

第一条　为规范建设项目使用国家级森林公园林地审查意见的办理，适度保障建设项目使用林地的合理需求并充分降低建设项目对国家级森林公园的不利影响，制定本规程。

第二条 建设项目使用国家级森林公园林地的审查意见，由国家林业局森林公园管理办公室负责办理，具体由森林公园管理处承办。

第三条 申请办理建设项目使用国家级森林公园林地审查意见，由省级林业部门森林公园主管处（室）向国家林业局森林公园管理办公室提交申请材料。

第四条 收到建设项目使用国家级森林公园林地审查意见的申请材料后，森林公园管理处在10个工作日审查办理。

对建设项目影响重大需组织实地考察评估的，书面通知省级林业部门森林公园主管处（室）。场圃总站于30日内组织开展实地考察评估。

第五条 建设项目使用国家级森林公园林地存在下列情形之一，国家林业局森林公园管理办公室出具不同意的审查意见：

（一）国家级森林公园未编制总体规划的；

（二）不符合国家级森林公园总体规划，且不属于基础设施、公共事业、民生或国防、外交的建设项目；

（三）建设项目拟使用的林地属Ⅰ级保护林地；

（四）建设项目选址或设计方案、拟使用林地规模不合理；

（五）国家级森林公园总体规划之外的建设项目，与国家级森林公园主体功能严重冲突、未进行多方案比选、穿越森林公园核心景观区或生态保育区，以及可能严重破坏森林公园区域完整性、严重损害森林风景资源和森林资源安全、严重阻碍游憩活动开展；

（六）国家级森林公园存在主管部门明确认定的违反林业及森林公园管理规定的问题，未按要求完成整改；

（七）其他不符合相关法律法规规定的情形。

第六条 国家林业局森林公园管理办公室出具同意或不同意建设项目使用国家级森林公园林地的审查意见，在中国森林公园网上公示，接受公众监督。

第七条 采取未如实提供申请材料或提供虚假申请材料，取得同意建设项目使用国家级森林公园林地审查意见的，国家林业局森林公园管理办公室一经发现将宣布审查意见作废，并建议林政资源主管部门取消其取得的建设项目使用林地审核和审批手续，对已开工建设项目责令停止施工、恢复原貌。

对上述国家级森林公园所涉及的省份，国家林业局森林公园管理办公室将视情节分别采取暂停受理本省建设项目使用林地审查意见3个月、6个月或12个月的处理措施，并将处理措施函告省级林业部门。

第八条 本规程自通知之日起试行。

（二）地方层面

江西、福建、陕西、江苏、河北、天津、新疆、山东、四川、湖南等10个省（自治区、直辖市）出台或修订了一系列相关条例和办法，详见表2－1。

表2–1 部分省（自治区、直辖市）森林、湿地相关保护管理条例

序号	类别	法规法律
1	森林公园	江西省省级示范森林公园创建办法
2		湖南省森林公园管理条例
3	湿地	福州市湿地保护管理办法
4		西安市湿地保护条例
5		江苏省湿地保护条例
6		河北省湿地保护条例
7		天津市湿地保护条例
8		乌鲁木齐市湿地保护条例
9		济南市湿地保护条例
10		福建省湿地保护条例
11		湖南省湿地公园管理办法（试行）
12	旅游节	四川省生态旅游节会活动管理办法（试行）

1. 森林公园

印发《江西省省级示范森林公园创建办法》 为推进森林公园建设和森林旅游发展，打造一批森林公园示范品牌，江西省制定了《江西省省级示范森林公园创建办法》（以下简称《办法》）。《办法》规定，从2016年起在全省范围内开展省级示范森林公园创建活动，创建对象为经国家林业局和省政府或省林业厅批准设立的国家级和省级森林公园。省级示范森林公园实行一年一申报、一年一评选制度，对评选为“江西省省级示范森林公园”的将给予一次性30万～50万元奖补资金。

修订《湖南省森林公园管理条例》 为积极协调推进《湖南省森林公园管理条例》（以下简称《条例》）修订和立法调研工作，收集汇总国家和相关省（自治区、直辖市）森林公园立法相关资料，包括《中华人民共和国森林法》《中华人民共和国土地管理法》《中华人民共和国森林法实施条例》《森林公园管理办法》等国家层面的法律法规，兄弟省级森林公园管理办法筛选汇编。在全省林业系统征求意见，征求了建设、环保、旅游、国土、宗教等有关部门的意见。对现行《条例》进行了认真研究并数次讨论修改，形成了当前的修订建议稿，包括总则、森林公园的设立、规划与建设、保护与管理、法律责

任、附则共6章52条，努力争取《条例》2017年出台。

2. 湿地

出台《福州市湿地保护管理办法》 《福州市湿地保护管理办法》于2016年10月26日福州市第十四届人民代表大会常务委员会第三十九次会议通过，共6章35条。

出台《西安市湿地保护条例》 《西安市湿地保护条例》于2016年10月25日西安市第十五届人民代表大会常务委员会第三十五次会议通过，共7章61条。

出台《江苏省湿地保护条例》 《江苏省湿地保护条例》由江苏省第十二届人民代表大会常务委员会第二十五次会议于2016年9月30日审议通过，共7章48条。

出台《河北省湿地保护条例》 河北省第十二届人民代表大会常务委员会第二十三次会议于2016年9月22日通过《河北省湿地保护条例》，共6章46条。

出台《天津市湿地保护条例》 天津市第十六届人民代表大会常务委员会第二十七次会议于2016年7月29日审议通过了《天津市湿地保护条例》，共5章31条。

出台《乌鲁木齐市湿地保护条例》 《乌鲁木齐市湿地保护条例》经2016年5月27日新疆维吾尔自治区第十二届人民代表大会常务委员会第二十二次会议批准，共5章29条。

出台《济南市湿地保护条例》 《济南市湿地保护条例》经2016年1月22日山东省第十二届人民代表大会常务委员会第十八次会议批准，共6章43条。

出台《福建省湿地保护条例》 2016年9月30日福建省第十二届人民代表大会常务委员会第二十五次会议通过《福建省湿地保护条例》，共6章54条。

出台《湖南省湿地公园管理办法（试行）》 《湖南省湿地公园管理办法（试行）》（以下简称《办法》）于2016年9月24日起施行，对于进一步完善湖南省的湿地保护网络体系，规范省级湿地公园的建设和管理，促进湿地公园健康发展，更为有效地保护湿地生态系统及其湿地资源将发挥积极作用。

3. 节会活动管理办法

印发《四川省生态旅游节会活动管理办法（试行）》 6月8日，四川省林业厅印发《四川省生态旅游节会活动管理办法（试行）》（川林发〔2016〕43号），对花卉（果类）、红叶、大熊猫等主题生态旅游节庆活动从举办条件及要求、申报及审核程序、安全防控、总结评比、监督检查等方面进行了规定。

4. 主题座谈会

《辽宁省森林公园管理条例》主题座谈会 辽宁省人民代表大会调研组在抚顺市召开了以《辽宁省森林公园管理条例》（以下简称《条例》）为主题

的座谈会。三块石森林公园、抚顺县政府、市林业局分别就《条例》立法调研提纲内容阐述了观点和提出了工作建议，讨论了全省森林公园存在的问题、立法情况、立法的可行性、立法需要解决的问题等相关内容。

浙江省森林公园立法座谈会　为推动浙江省森林公园立法工作，省林业厅在杭州召开了浙江省森林公园立法座谈会。与会人员对《浙江省公益林和森林公园管理条例（草案)》森林公园有关条款进行了逐条审核和修改。会议指出，各级林业主管部门作为森林公园的主管部门，要在思想认识上正确理解和把握森林公园管理工作面临的新形势、新要求，要从推动地方生态文明建设、服务地方经济社会发展需求出发，认真做好森林公园监督管理工作，要敢于担当、主动作为。森林公园立法将为浙江省森林公园建设事业提供难得的发展契机。2012 年，浙江省就组织起草了《浙江省森林公园管理条例（草案)》，并征求省级财政、建设、旅游、农业、国土、编制等部门和全省各级林业主管部门的意见。2015 年，根据省人民代表大会、省政府有关部门意见，省林业厅对森林公园与公益林立法草案进行了合并立法调研，形成了新的草案。省林业厅将积极配合省人民代表大会、省政府有关部门，做好森林公园立法相关工作，争取早日完成立法。

二、发展规划

（一）全国层面

1. 印发《全国城郊森林公园发展规划（2016－2025 年)》

为贯彻落实《全国新型城镇化发展规划（2014－2020 年)》的要求，科学布局城郊森林公园，规划城郊森林公园发展建设，国家林业局组织编制了《全国城郊森林公园发展规划（2016－2025 年)》(以下简称《规划》)。《规划》从发展城郊森林公园的必要性、我国城郊森林公园发展成效和挑战、城郊森林公园发展的总体思路、发展布局、主要建设内容和保障措施共 6 个方面进行了编制。城郊森林公园是森林公园的重要组成部分，是新型城镇化建设的重要基础设施，是建设宜居城市、提升百姓福祉的重要需求，也是弘扬生态文化、全方位发挥森林生态功能、提升民众森林文化素养、推进生态文明建设的重要载体，积极引导利用城郊和城区林地建设森林公园可以充分拓展城乡居民绿色生活空间。

2. 印发《国家沙漠公园发展规划（2016－2025 年)》

为深入贯彻《中华人民共和国国民经济和社会发展第十三个五年规划》《林业发展“十三五”规划》《全国防沙治沙规划（2011－2020 年)》《国家林业局关于做好国家沙漠公园建设试点工作的通知》的有关部署要求，有效保护和修复荒漠生态系统，规范国家沙漠公园建设和管理，科学规划国家沙漠公园，促进国家沙漠公园持续健康发展，国家林业局组织编制了《国家沙漠公园发展规划（2016－2025年）》（以下简称《规划》），规划期为10年，分为一期(2016－2020年)和二期（2021－2025年）。根据《规划》，沙漠公园建设范围涉及干旱半干旱地区、高寒区域、黄淮海平原半湿润和南方湿润沙化土地分布区。重点规划区为河北、山西、内蒙古、辽宁、吉林、黑龙江、江苏、安徽、山东、河南、四川、云南、陕西、甘肃、青海、宁夏、新疆17个省（自治区）及新疆生产建设兵团共440个县（市、区）。本次规划重点建设国家沙漠公园359个，总面积142.7万公顷，包括已批复建设沙漠公园55个，约占全国沙区地理条件适合开展沙漠公园建设区域的1/3。同时，鼓励符合沙漠公园建设条件、地方具有开展试点建设积极性的其他地区，积极推进沙漠公园试点建设工作。西南熔岩地区的云南、贵州、广西、广东、重庆、四川、湖南、湖北、河南等省（自治区、直辖市）共有473个县（市、区）分布有独特的喀斯特地貌，拥有丰富的荒漠景观资源，应积极开展国家石漠公园建设。

3. 印发《全国热带雨林保护规划（2016－2020年）》

为贯彻落实国家林业局党组关于“着力构建国土生态空间规划体系”的要求，保护、恢复和利用我国珍贵的热带雨林生态系统和热带雨林资源，国家林业局组织编制了《全国热带雨林保护规划（2016－2020年）》(以下简称《规划》)。《规划》共5章，包括我国热带雨林分布及保护现状，保护我国热带雨林的重要意义，规划的指导思想、原则和目标，主要任务和保障措施等。《规划》按照合理布局、因地制宜，保护优先、多举并用，科技先导、示范带动，持续发展、改善民生，试点先行、突出重点的基本原则。以我国热带雨林6个地理分区，即琼南丘陵山地、粤桂琼台地丘陵、桂西南石灰岩丘陵、滇南盆地谷地、滇西南河谷山地、东喜马拉雅南麓河谷为基础，进行总体布局。规划范围是，北回归线（北纬23.5度）以南，以天然热带雨林分布区域为主，主要包括海南、云南、广西、广东、西藏等省（自治区）105个县（市、区），包括雷州半岛，不包括台湾、香港和澳门。总体目标是，全面保护和修复我国热带雨林生态系统，划定热带雨林生态保护红线；促进区域动植物资源的繁衍和保护，提高区域生物多样性健康水平；开展雷州半岛生态修复试点，增强生态产品生产能力，增强碳汇等生态服务功能，改善生态状况，推动形成热带雨林资源和生物多样性得到有效保护、区域农民生活水平有所提高的发展格局。

（二）地方层面

2016年，湖南、云南、上海、贵州、安徽等省（自治区、直辖市）编制、审议及印发了一系列森林旅游相关规划，详见表2－2，为各地区森林旅游蓬勃发展指明了方向。

省级森林旅游发展规划是在省内森林旅游资源统计的基础上，需要充分结合森林旅游产业发展现状，分析存在的问题和发展需求，在国家规划的控

表2-2 部分省（自治区、直辖市）森林旅游相关规划

序号	类别	相关规划
1	森林旅游	湖南省“十三五”森林旅游发展规划
2		湖南省森林康养发展规划（2016－2025年）
3		四川省“十三五”林业生态旅游发展规划
4		福建省“十三五”森林旅游发展规划
5		昆明市“十三五”森林生态文化发展规划
6		环首府森林休闲旅游圈概念性规划方案
7		黑龙江省森林公园和森林旅游工作“十三五”发展思路
8		上海市森林旅游发展规划
9	森林公园	贵阳市环城森林公园体系规划（2016－2025年）
10		贵州省城郊森林公园发展规划
11	湿地保护	安徽省湿地保护规划（2016－2030年）

制和指导下，确定本省的森林旅游发展目标、空间布局、建设重点等。

城郊森林公园位于城市（城镇）及其周边，以其良好的生态环境、便捷的地理位置、优美的森林景观、完善的游憩设施，成为人们走进森林、体验自然的重要区域。为深入实施《全国城郊森林公园发展规划（2016－2025年）》，必须全面推进城郊森林公园的建设与发展，不断满足国民特别是广大城镇居民享受良好生态产品的迫切需求。

三、国家级森林公园总体规划

2016年，国家林业局共批复了61个符合审批要求的国家级森林公园总体规划，有力地推动了我国森林等自然资源的旅游建设和管理工作，详见表2－3。

2016年3月，国家林业局森林公园管理办公室分别向安徽、福建、江西、湖南、广东、陕西省林业厅下发整改通知，对53处存在未编制总体规划或总体规划到期不修编的国家级森林公园，责令18个月内完成总体规划的编制和上报。对于逾期仍未上报国家级森林公园总体规划、导致国家级森林公园主体功能无法发挥的，将依照《国家级森林公园管理办法》相关规定撤销该国家级森林公园。

表2-3　2016年国家林业局批复的国家级森林公园总体规划

序号	文号	获批规划全称	数量（个）
1	林规发〔2016〕30号	辽宁本溪国家森林公园总体规划(2016－2025年) 西灵岩洞国家森林公园总体规划(2015－2024年) 江西鄱阳湖口国家森林公园总体规划(2015－2024年) 河南云台山国家森林公园总体规划(2015－2024年) 湖南攸州国家森林公园总体规划(2015－2024年) 湖南舜皇山国家森林公园总体规划(2015－2024年) 湖南天堂山国家森林公园总体规划(2015－2024年) 四川北川国家森林公园总体规划(2016－2025年) 四川阆中国家森林公园总体规划(2016－2025年) 黑龙江夹皮沟国家森林公园总体规划(2015－2024年)	10
2	林规发〔2016〕63号	内蒙古红山国家森林公园总体规划(2015－2025年) 浙江梁希国家森林公园总体规划(2015－2025年) 江西三百山国家森林公园总体规划(2015－2025年) 山东东阿黄河国家森林公园总体规划(2015－2025年) 湖南福音山国家森林公园总体规划(2016－2025年) 湖南那溪国家森林公园总体规划(2015－2024年) 湖南湘江源国家森林公园总体规划(2016－2025年) 湖南五尖山国家森林公园总体规划(2016－2025年) 重庆天池山国家森林公园总体规划(2015－2025年) 黑龙江威虎山国家森林公园总体规划(2015－2025年)	10
3	林规发〔2016〕74号	福建五虎山国家森林公园总体规划(2016－2025年)	1
4	林规发〔2016〕99号	内蒙古哈达门国家森林公园总体规划(2016－2025年) 吉林图们江源国家森林公园总体规划(2015－2024年) 浙江富春江国家森林公园总体规划(2016－2025年) 合肥大蜀山国家森林公园总体规划(2014－2025年) 山东密州国家森林公园总体规划(2015－2024年) 山东滕州墨子国家森林公园总体规划(2014－2023年) 湖南东台山国家森林公园总体规划(2015－2025年) 湖南嘉山国家森林公园总体规划(2016－2025年) 云南灵宝山国家森林公园总体规划(2016－2025年) 云南五峰山国家森林公园总体规划(2015－2024年)	10
5	林规发〔2016〕146号	江西金盆山国家森林公园总体规划(2016－2025年) 江西天柱峰国家森林公园总体规划(2015－2025年) 山东徂徕山国家森林公园总体规划(2016－2025年) 湖南桃花源国家森林公园总体规划(2016－2025年) 湖南齐云峰国家森林公园总体规划(2016－2025年) 四川黑竹沟国家森林公园总体规划(2015－2024年) 贵州九龙山国家森林公园总体规划(2016－2025年) 贵州青云湖国家森林公园总体规划(2016－2025年) 陕西延安国家森林公园总体规划(2016－2025年) 内蒙古阿尔山国家森林公园总体规划(2016－2025年)	10

（续）

序号	文号	获批规划全称	数量（个）
6	林规发〔2016〕169号	河北塞罕坝国家森林公园总体规划 (2016－2025年) 福建德化石牛山国家森林公园总体规划 (2016－2025年) 江西陡水湖国家森林公园总体规划 (2016－2025年) 山东章丘国家森林公园 (2016－2025年) 湖北西塞国国家森林公园总体规划 (2016－2025年) 四川苍溪国家森林公园总体规划 (2016－2025年) 四川二滩国家森林公园总体规划 (2016－2025年) 贵州㵲阳湖国家森林公园总体规划 (2016－2025年) 贵州甘溪国家森林公园总体规划 (2016－2025年) 陕西通天河国家森林公园总体规划 (2015－2025年)	10
7	林规发〔2016〕188号	山西管涔山国家森林公园总体规划 (2016－2025年) 安徽敬亭山国家森林公园总体规划 (2016－2025年) 江西上清国家森林公园总体规划 (2016－2025年) 江西五指峰国家森林公园总体规划 (2016－2025年) 江西明月山国家森林公园总体规划 (2016－2025年) 湖南大云山国家森林公园总体规划 (2016－2025年) 湖南嘉禾国家森林公园总体规划 (2016－2025年) 广东南昆山国家森林公园总体规划 (2016－2025年) 甘肃子午岭国家森林公园总体规划 (2016－2025年) 黑龙江青山国家森林公园总体规划 (2016－2025年)	10

四、标准化建设

2016 年，森林旅游以科学规划、合理利用、协调发展为主要目标，全国行业上下联动努力，不断强化监督管理，加强森林旅游标准化建设，稳步推进基础研究，提升行业整体服务能力，推动森林旅游持续健康发展。

（一）全国层面

1. 形成森林旅游标准化体系框架

5 月，国家林业局森林旅游管理办公室组织编制完成“森林等自然资源旅游标准化体系框架”，计划在今后一个时期起草近 30 项森林旅游林业行业标准（表 2－4）。

2. 加快标准的制定工作

2016 年启动了“全国森林体验基地质量评定”“全国森林养生基地质量评定”等多项标准的起草工作，并完成了“国家森林步道建设与服务规范”“森林旅游景区生态停车场需求测算”等多项标准的征求意见工作。

2016 年，《国家沙漠公园总体规划编制导则》（LY/T 2574－2016）和《国家沙漠公园建设导则》（LY/T 2575－2016）两个行业技术标准正式施行，全面规定了国家沙漠公园总体规划的专项规划、分期建设规划、投资估算及效

表2-4 森林等自然资源旅游标准化体系表（2016年）

总序号	体系编号	标准名称
森林等自然资源旅游	FJA -1	森林旅游术语
森林旅游资源保护	FJB-1	森林旅游生态评估技术规范
	FJB-2	重要森林风景资源保护技术规程
	FJB-3	森林旅游景区环境容量测算导则
	FJB-4	森林旅游资源监测技术规程
	FJB-5	森林等自然资源旅游解说、解释规范
森林旅游技术	FJC-1	森林旅游风景林改造与营造技术规程
	FJC-2	森林旅游风景资源调查与评价技术规程
	FJC-3	智慧森林旅游建设技术规程
	FJC-4	国家森林步道规划技术规程
	FJC-5	占用林地影响评估技术规程
	FJC-6	森林旅游景区木（竹）材产品使用技术规范
	FJC-7	森林旅游景区低碳化建设技术规范
	FJC-8	森林旅游信息平台建设规程
森林旅游管理	FJD-1	全国森林体验基地质量评定
	FJD-2	全国森林养生基地质量评定
	FJD-3	森林旅游景区游客中心建设标准
	FJD-4	森林等自然资源解说员技能等级评定
	FJD-5	森林旅游信息统计管理规程
	FJD-6	森林旅游景区生态停车场建设标准
	FJD-7	全国森林旅游示范县（市）建设要求
	FJD-8	全国森林旅游示范村建设要求
	FJD-9	全国森林人家管理规范
	FJD-10	森林旅游资源数据库建设管理规程
	FJC-11	生态露营地标准
	FJC-12	森林户外教育基地标准
	FJD-13	极限徒步森林穿越区域建设管理导则
	FJD-14	森林氧吧资源质量等级评定
	FJD-15	森林旅游地负离子测定技术规程

益评价、规划成果与深度要求等，对指导沙漠公园总体规划编制、规范沙漠公园的建设和发展具有重要意义。

3.4项森林旅游相关林业行业标准通过专家审定

12月，由国家林业局森林旅游管理办公室组织编制的《森林体验基地质量评定》《森林养生基地质量评定》《国家森林步道建设规范》和《生态露营地建设与管理规范》4项森林旅游相关林业行业标准通过专家审定。《森林体验基地质量评定》提出了森林体验基地质量评定的指导原则、基本要求、质量指标及评定方法与计分说明等；《森林养生基地质量评定》规范了森林养生基地所需的森林资源、环境、设施及管理和服务等内容；《国家森林步道建设规范》在借鉴国外国家步道发展经验和做法的基础上，结合我国民众对森林休闲和长程徒步的现实需求，规定了国家森林步道的线路选择、步道建设、沿途设施和补给服务等内容；《生态露营地建设与管理规范》界定了生态露营地的概念、露营地的生态化建设与管理基本要求，规定了露营地选址、规划、设计、建设、运营管理及自然教育等内容。森林旅游标准化工作的深入开展和快速推进，为森林旅游行业发展创造了很好的理论基础和实践指导。

（二）地方层面

2016年，上海、福建、江西、湖南、广东、四川、贵州等省（直辖市）起草、编制、评审或发布了涉及森林公园管理、森林人家和生态露营地建设、旅游示范县评定等方面的森林旅游相关标准（表2－5）。

表2–5 2016年森林旅游相关地方标准

序号	类别	标准化名称
1	森林公园	江西省省级森林体验基地遴选标准（试行）
2		江西省省级森林养生基地遴选标准（试行）
3		江西省森林风景资源调查实施细则
4		江西省省级示范森林公园创建办法
5		上海市森林公园建设导则
6		上海市森林公园建设标准
7		湖南省森林公园质量管理检查办法暨评分标准
8		福建省森林公园认定办法
9		福建省森林公园旅游景区安全生产标准化评定标准（试行）
10		广东省森林公园建设指引
11	森林人家	贵州省森林人家建设标准
12	旅游示范	四川省林业生态旅游示范县评定规范

第三章

森林旅游地发展与建设

- 森林旅游地发展
- 森林旅游地建设
- 示范建设

第三章　森林旅游地发展与建设

2016年，全国森林公园、湿地公园、沙漠公园等自然资源景区规模持续增加，投资不断加大，景区坚持提高保护和管理水平，进一步助推了生态文明建设，完善了生物多样性保护体系，拓展了森林旅游发展空间，为社会提供了更好的生态服务。

一、森林旅游地发展

2016年，全国森林旅游地的类型多样、规模扩大，森林公园、湿地公园、林业系统自然保护区总数达7179处，其中，森林公园3392处，湿地公园1486处，林业系统自然保护区2301处；沙漠公园70处；生态公园14处；国家林木（花卉）公园8处。详见图3－1。森林公园、湿地公园、林业系统自然保护区总面积达14836.87万公顷，其中，森林公园面积1886.67万公顷，湿地公园面积397.20万公顷，林业系统自然保护区面积12553.00万公顷；沙漠公园34.07万公顷。详见图3－2。

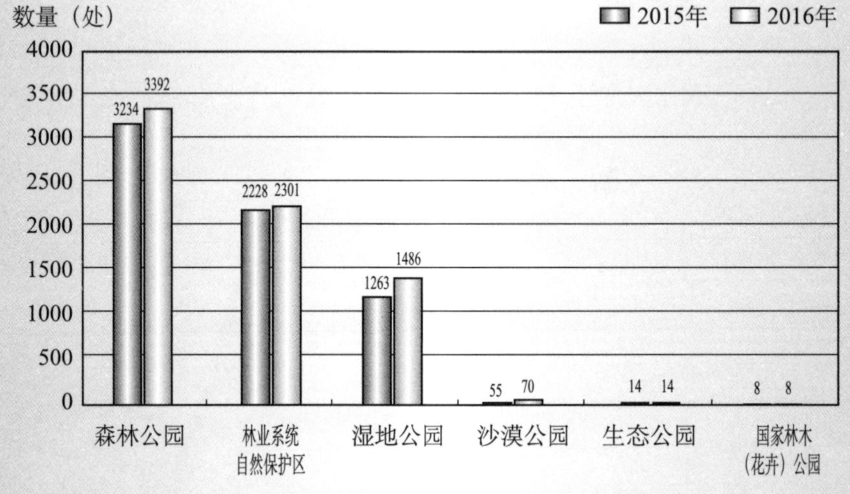

图3–1　2015年与2016年主要森林资源旅游景区数量

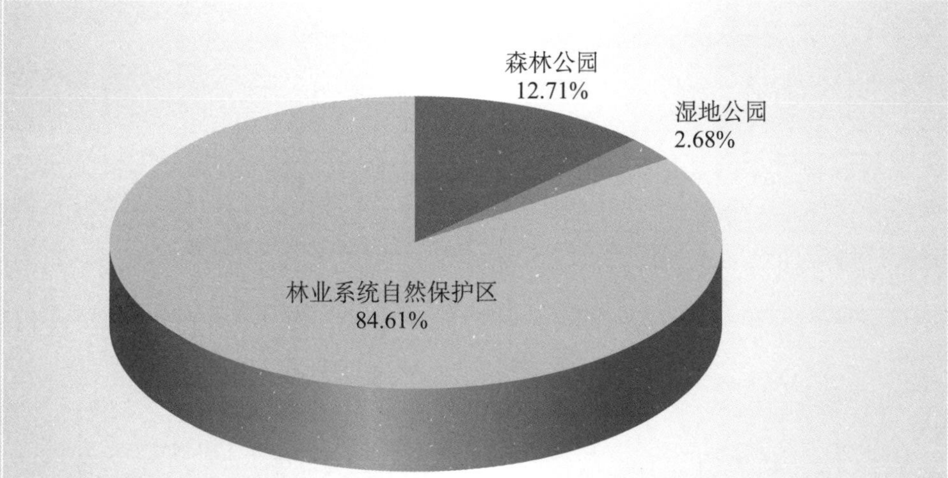

图3–2　2016年主要森林资源旅游景区面积结构

（一）森林公园

截至 2016 年年底，全国共建立森林公园 3392 处，比 2015 年增加了 158 处，同比增长 4.89%；总面积 1886.67 万公顷，比 2015 年增加了 84.96 万公顷，同比增长 4.72%。其中，国家级森林公园 828 处（含国家级森林旅游区 1 处），面积 1320.09 万公顷，比 2015 年增加 1 处，面积增加 69.03 万公顷；省级森林公园 1457 处，面积 429.88 万公顷，比 2015 年增加 55 处、11.89 万公顷；县（市）级森林公园 1107 处，面积 136.71 万公顷，比 2015 年增加 102 处、4.05 万公顷。表 3－1 是 2010－2016 年森林公园总数超过 100 处的省份变化情况，图 3－3 是 2012－2016

表3–1　2010—2016年森林公园总数超过100处的省份数量变化

序号	省份	2016年森林公园总数（处）	2015年森林公园总数（处）	2014年森林公园总数（处）	2013年森林公园总数（处）	2012年森林公园总数（处）	2011年森林公园总数（处）	2010年森林公园总数（处）
1	广东	672	615	532	460	457	458	424
2	山东	244	244	251	242	239	224	209
3	浙江	241	199	199	195	177	169	155
4	江西	179	177	175	169	162	156	155
5	福建	177	177	178	178	178	138	107
6	河南	171	171	170	160	150	146	133
7	山西	132	127	127	111	111	111	111
8	湖南	128	125	123	119	113	110	105
9	四川	127	126	123	121	119	116	108
10	江苏	107	107	65	64	61	58	55
11	河北	101	100	101	93	93	89	80

年全国森林公园总数及各级森林公园数量变化情况，图 3－4 是 2016 年各级森林公园面积情况。2016 年新增国家级森林公园 1 处，详见附录一。

我国各区域由于资源、环境、经济、社会等条件差异明显，导致森林公园发展不均衡，总体来说东部发展好于西部，南部发展强于北部，其中，广东发展规模明显高于全国其他省份，山东、浙江、江西、福建、河南等省发展势头也较好。2016 年我国森林公园数量、面积按东部、中部、西部和东北部四个区域的统计情况详见图 3－5、图 3－6。

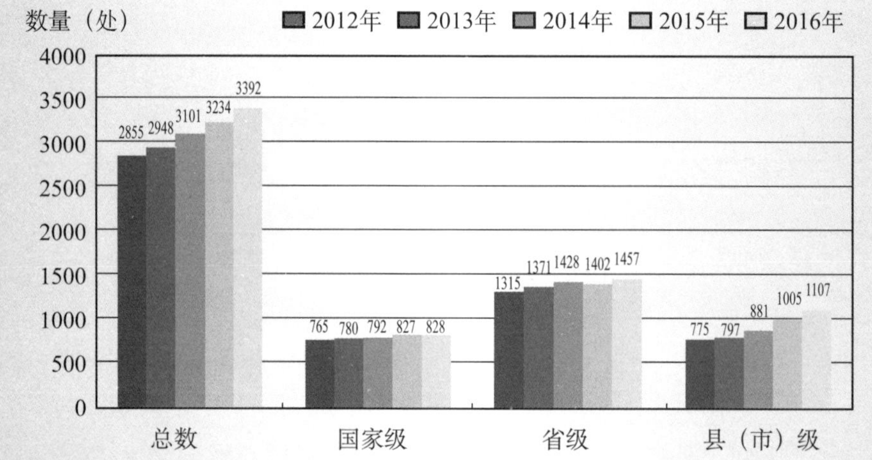

图3–3　2012–2016年全国森林公园总数及各级森林公园数量变化情况

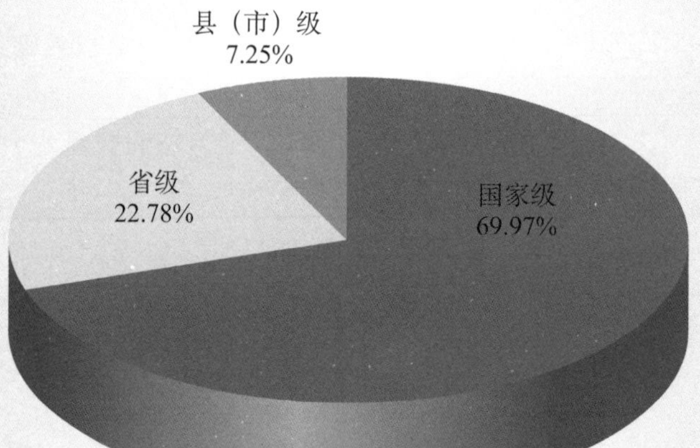

图3–4　2016年各级森林公园面积所占比例

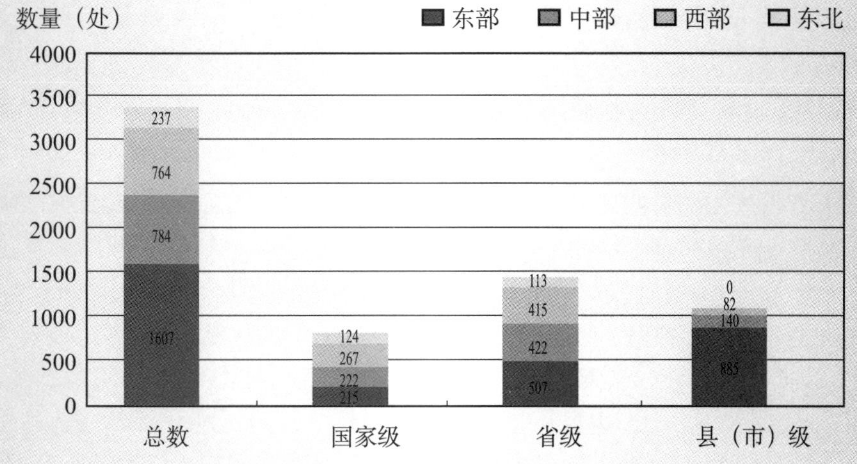

图3–5　2016年全国森林公园数量分布情况

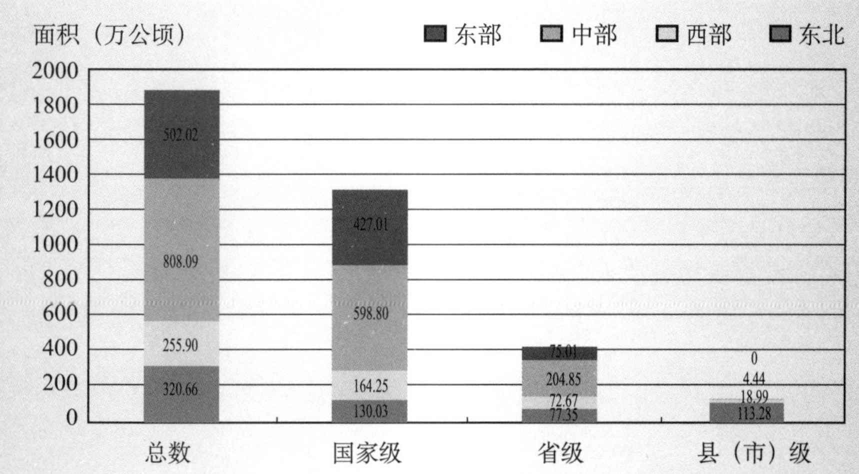

图3–6　2016年全国森林公园面积分布情况

全国森林公园的分布情况为：① 东部地区森林公园总数1607处，比2015年增加100处，同比增长6.64%；面积320.66万公顷，比2015年增加5.05万公顷，同比增长1.60%。其中，国家级森林公园215处，面积130.03万公顷，数量无变化，面积比2015年减少0.15万公顷；省级森林公园507处，面积77.35万公顷，比2015年增加5处、0.37万公顷；县（市）级森林公园885处，面积113.28万公顷，比2015年增加95处、4.83万公顷。② 中部地区森林公园总数784处，比2015年增加19处，同比增长2.48%；面积255.90万公顷，比

2015年增加2.75万公顷，同比增长1.09%。其中，国家级森林公园222处，面积164.25万公顷，数量无变化，面积比2015年增加0.54万公顷；省级森林公园422处，面积72.67万公顷，比2015年增加19处、2.55万公顷；县（市）级森林公园140处，面积18.99万公顷，数量、面积与2015年大致相同。③ 西部地区森林公园总数764处，比2015年增加34处，同比增长4.66%；面积808.09万公顷，比2015年增加52.95万公顷，同比增长7.01%。其中，国家级森林公园267处，面积598.80万公顷，比2015年增加1处、43.55万公顷；省级森林公园415处，面积204.85万公顷，比2015年增加26处、9.85万公顷；县（市）级森林公园82处，面积4.44万公顷，比2015年增加7处，面积减少0.45万公顷。④ 东北地区森林公园总数237处，比2015年增加5处，同比增长2.16%；面积502.02万公顷，比2015年增加24.21万公顷，同比增长5.07%。其中，国家级森林公园124处，面积427.01万公顷，数量与2015年相同，面积比2015年增加25.09万公顷；省级森林公园113处，面积75.01万公顷，比2015年增加5处，面积减少0.88万公顷。

（二）湿地公园

截至2016年年底，全国林业部门已批准建立不同类型、不同级别的湿地公园1486处，比2015年增加223处，同比增长17.66%；总面积397.2万公顷，比2015年增加39.4万公顷，同比增长11.01%。其中，国家湿地公园（含试点）836处，面积353.1万公顷，比2015年增加131处，面积增加33.6万公顷；省级及地方级湿地公园650处，面积44.1万公顷，比2015年增加257处，面积增加6.6万公顷。目前，国家林业局批准建设的836处国家湿地公园（试点）中，共有174处国家湿地公园（试点）通过国家验收，占总数的20.8%，正式成为“国家湿地公园”。2016年新增国家湿地公园（试点）134处，详见附录三，具体分布见表3－2；新增通过验收国家湿地公园76处，详见表3－3，取消国家湿地公园（试点）3处，详见表3－4。

表3–2 2016年新增国家湿地公园（试点）分布

东部地区		中部地区		西部地区				东北地区	
省份	数量	省份	数量	省份	数量	省份	数量	省份	数量
天　津	2	山　西	2	内蒙古	13	陕　西	7	辽　宁	2
河　北	3	安　徽	7	广　西	7	甘　肃	2	吉　林	2
江　苏	3	江　西	5	重　庆	2	青　海	4	黑龙江	8
浙　江	1	河　南	3	四　川	5	新　疆	10		
山　东	6	湖　北	6	贵　州	9				
广　东	7	湖　南	9	云　南	4				
海　南	1			西　藏	4				

表3–3　2016年试点国家湿地公园通过验收名录

序号	省份（验收数量）	公园名称
1	河北省（1处）	河北丰宁海留图国家湿地公园
2	山西省（2处）	山西千泉湖国家湿地公园 山西古城国家湿地公园
3	内蒙古自治区（4处）	内蒙古巴美湖国家湿地公园 内蒙古包头黄河国家湿地公园 内蒙古纳林湖国家湿地公园 内蒙古萨拉乌苏国家湿地公园
4	吉林省（3处）	吉林牛心套保国家湿地公园 吉林大石头亚光湖国家湿地公园 吉林扶余大金碑国家湿地公园
5	黑龙江省（3处）	黑龙江塔头湖河国家湿地公园 黑龙江同江三江口国家湿地公园 黑龙江黑瞎子岛国家湿地公园
6	上海市（1处）	上海吴淞炮台湾国家湿地公园
7	江苏省（2处）	江苏南京长江新济洲国家湿地公园 江苏无锡长广溪国家湿地公园
8	浙江省（1处）	浙江玉环漩门湾国家湿地公园
9	安徽省（4处）	安徽颍州西湖国家湿地公园 安徽泗县石龙湖国家湿地公园 安徽三汊河国家湿地公园 安徽秋浦河源国家湿地公园
10	江西省（4处）	江西庐山西海国家湿地公园 江西赣县大湖江国家湿地公园 江西婺源饶河源国家湿地公园 江西会昌湘江国家湿地公园
11	山东省（7处）	山东济西国家湿地公园 山东黄河玫瑰湖国家湿地公园 山东峡山湖国家湿地公园 山东武河国家湿地公园 山东微山湖国家湿地公园 山东月亮湾国家湿地公园 山东青州弥河国家湿地公园

（续）

序号	省份（验收数量）	公园名称
12	河南省（1处）	河南平顶山白龟湖国家湿地公园
13	湖北省（9处）	湖北惠亭湖国家湿地公园 湖北莫愁湖国家湿地公园 湖北大冶保安湖国家湿地公园 湖北金沙湖国家湿地公园 湖北天堂湖国家湿地公园 湖北武山湖国家湿地公园 湖北谷城汉江国家湿地公园 湖北黄冈遗爱湖国家湿地公园 湖北蔡甸后官湖国家湿地公园
14	湖南省（8处）	湖南湘阴洋沙湖—东湖国家湿地公园 湖南汨罗江国家湿地公园 湖南松雅湖国家湿地公园 湖南耒水国家湿地公园 湖南毛里湖国家湿地公园 湖南黄家湖国家湿地公园 湖南南洲国家湿地公园 湖南雪峰湖国家湿地公园
15	广东省（3处）	广东雷州九龙山红树林国家湿地公园 广东孔江国家湿地公园 广东万绿湖国家湿地公园
16	广西壮族自治区（1处）	广西北海滨海国家湿地公园
17	海南省（2处）	海南新盈国家湿地公园 海南南丽湖国家湿地公园
18	重庆市（4处）	重庆阿蓬江国家湿地公园 重庆迎凤湖国家湿地公园 重庆濑溪河国家湿地公园 重庆皇华岛国家湿地公园
19	四川省（3处）	四川大瓦山国家湿地公园 四川柏林湖国家湿地公园 四川若尔盖国家湿地公园
20	贵州省（1处）	贵州石阡鸳鸯湖国家湿地公园
21	西藏自治区（2处）	西藏雅尼国家湿地公园 西藏嘎朗国家湿地公园

（续）

序号	省份（验收数量）	公园名称
22	陕西省（1处）	陕西旬河源国家湿地公园
23	甘肃省（1处）	甘肃张掖国家湿地公园
24	青海省（1处）	青海贵德黄河清国家湿地公园
25	宁夏回族自治区（1处）	宁夏青铜峡鸟岛国家湿地公园
26	新疆维吾尔自治区（5处）	新疆乌齐里克国家湿地公园 新疆阿克苏多浪河国家湿地公园 新疆玛纳斯国家湿地公园 新疆和布克赛尔国家湿地公园 新疆乌鲁木齐柴窝堡湖国家湿地公园
27	内蒙古森工（1处）	内蒙古根河源国家湿地公园

表3-4　2016年试点国家湿地公园取消名单

序号	省份（验收数量）	公园名称
1	吉林省（1处）	吉林榆树老干江国家湿地公园
2	福建省（1处）	福建宁德东湖国家湿地公园
3	河南省（1处）	河南偃师伊洛河国家湿地公园

（三）自然保护区

截至2016年年底，全国各级林业系统自然保护区数量达2301处，比2015年增加73处，同比增长3.28%；总面积12553.00万公顷，约占国土面积的13.07%，比2015年增加128万公顷，同比增加1.03%。其中，国家级自然保护区359处，面积8138.00万公顷，比2015年增加14处，30万公顷。2016年新增林业系统国家级自然保护区16处，详见附录二。

（四）沙漠公园

2016年，国家林业局共批复甘肃、宁夏、新疆、河北、湖南、山西等6个省（自治区）的沙漠公园试点15处，详见附录四。截至2016年年底，共有70个国家沙漠公园开展试点建设，比2015年增加15个，同比增长27.27%；面积34.07万公顷，新增面积4.34公顷，同比增长14.60%。从地区分布来看，新疆、山西、甘肃、青海、内蒙古、宁夏等西北部地区沙漠公园数量所占比例较大（图3－7）。

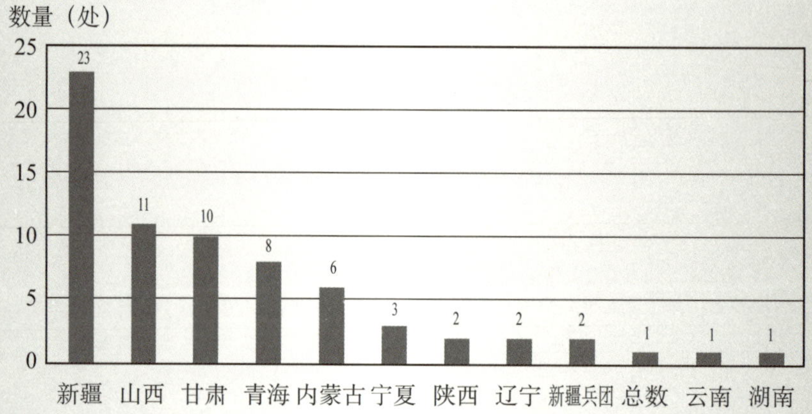

图3–7 沙漠公园分布情况

二、森林旅游地建设

（一）基础服务设施建设

2016 年，国家林业局森林旅游管理办公室与国家发展和改革委员会社会司联合组织“十三五”国家森林公园保护利用设施建设项目申报工作，确定了 113 个国家森林公园的保护利用设施建设项目纳入“十三五”国家文化和自然遗产保护利用设施建设项目库，并于 2016 年启动了 40 个项目，落实中央投资 3.35 亿元，有力地促进了森林旅游基础服务设施建设。

截至 2016 年年底，全国森林公园共有旅游车船 33965 台（艘），比 2015 年减少 1554 台（艘），同比减少 4.38%；共有旅游步道 90664.42 千米，比 2015 年增加 8919.79 千米，同比增长 10.91%。2010－2016 年全国森林公园旅游景区步道、车船数变化情况详见图 3－8。2016 年，各类森林旅游地接待游客的床位总数达 200 万张，接待餐位总数 420 万个。2012－2016 年全国森林旅游地接待游客的床位、餐位数变化情况详见图 3－9。其中，森林公园共有接待床位总数 103 万张，接待餐位总数 197 万个。湿地公园周边共有接待餐位 168.66 万个、床位 56.40 万；沙漠公园共有接待餐位 14.16 万个、床位 8.88 万个。

甘肃省按照《甘肃省旅游厕所建设管理实施方案》，2016 年全省森林公园新建、改扩建旅游厕所 57 座，投入资金 1307 万元。

（二）资金投入

1. 当前资金投入分析

2016 年，全国森林旅游地（以森林公园为例）的资金投入力度加大，全国森林公园共投入资金 537.95 亿元，比 2015 年增长 121.05 亿元，同比增长 29.04%；全国森林公园共投入环境建设资金 57.04 亿元，比 2015 年增长 5.36 亿

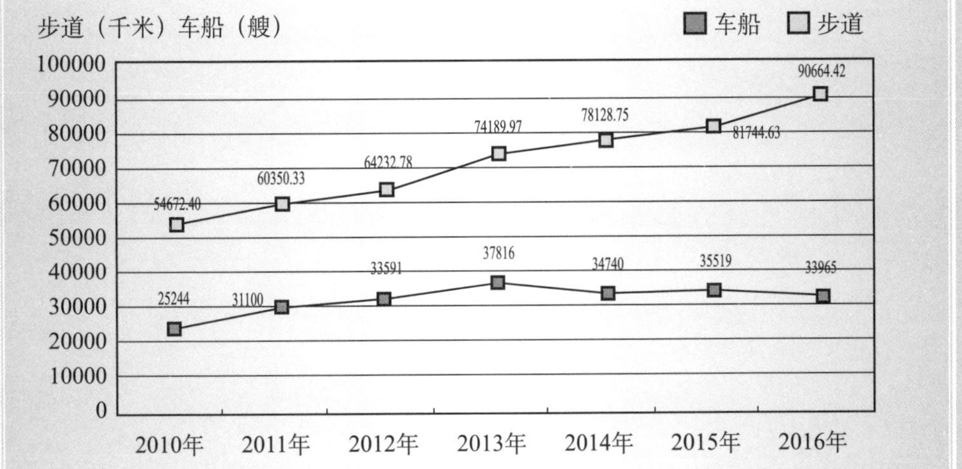

图3-8　2010—2016年全国森林公园旅游景区步道、车船数变化情况

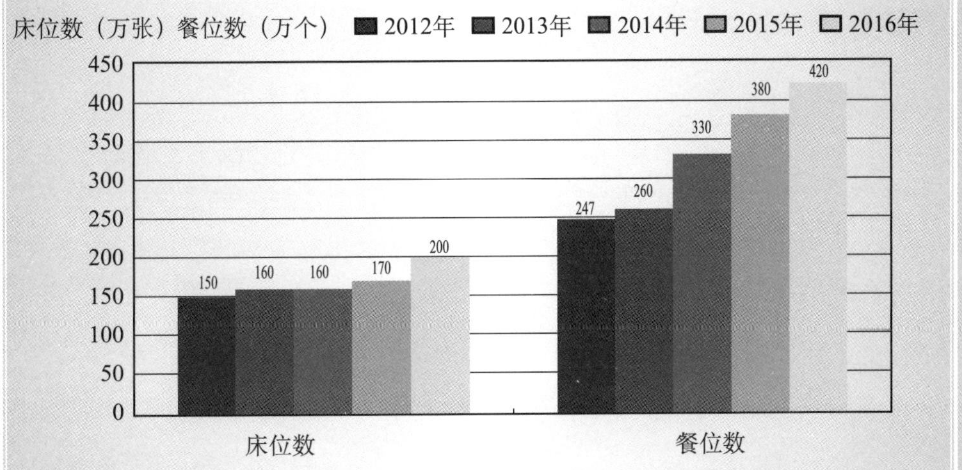

图3-9　2012—2016年全国森林旅游地接待游客的床位、餐位数变化情况

元，同比增长10.37%。图3－10为2010－2016年全国森林公园及其环境建设资金投入情况。

森林公园投入资金主要有国家投入资金、自筹资金、招商引资三种渠道。2016年，国家投入资金91.86亿元，占投入资金的17.08%；自筹资金218.34亿元，占投入资金的40.59%；招商引资227.75亿元，占投入资金的42.34%，参见图3－11。

分区域看，东部地区森林公园共投入资金191.98亿元，占投入资金的

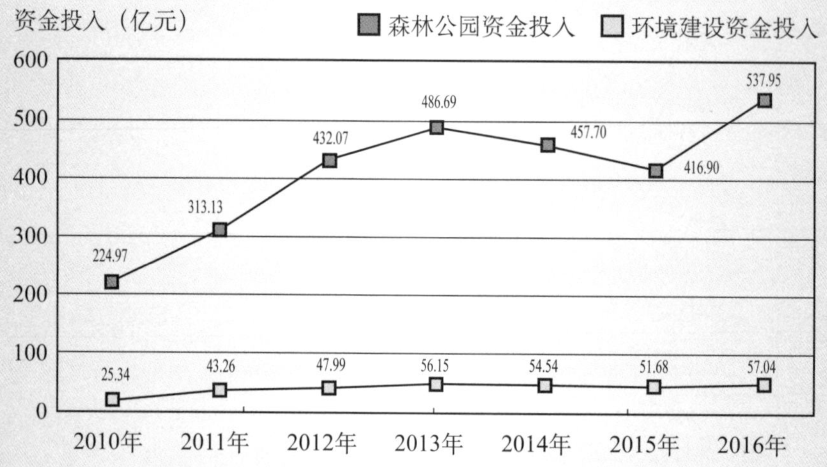

图3-10　2010–2016 年全国森林公园及其环境建设资金投入情况

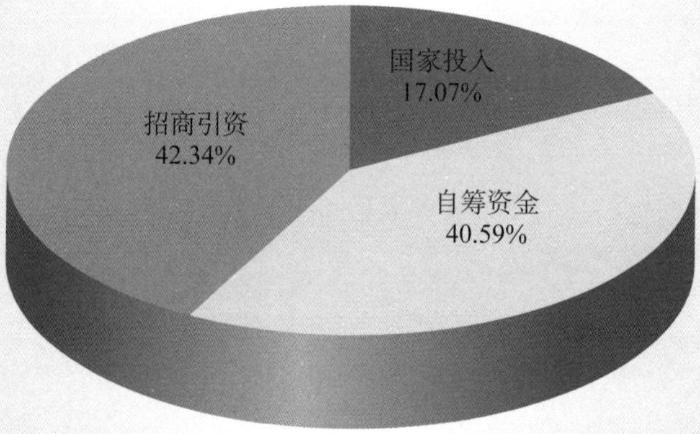

图3-11　2016年全国森林公园投入资金所占比例

35.69%，比 2015 年增长 77.32 亿元，同比增长 67.43%；中部地区森林公园共投入资金 108.98 亿元，占投入资金的 20.26%，比 2015 年增长 24.15 亿元，同比增长 28.47%；西部地区森林公园共投入资金 143.11 亿元，占投入资金的 26.60%，比 2015 年增加 1.98 亿元，同比增长 1.40%；东北地区森林公园共投入资金 93.88 亿元，占投入资金的 17.45%，比 2015 年增长 17.60 亿元，同比增长 23.07%。2011－2016 年各区域森林公园投入资金总额变化情况详见图 3－12。

将 2016 年森林公园投入环境建设资金按区域统计，东部地区森林公园共投

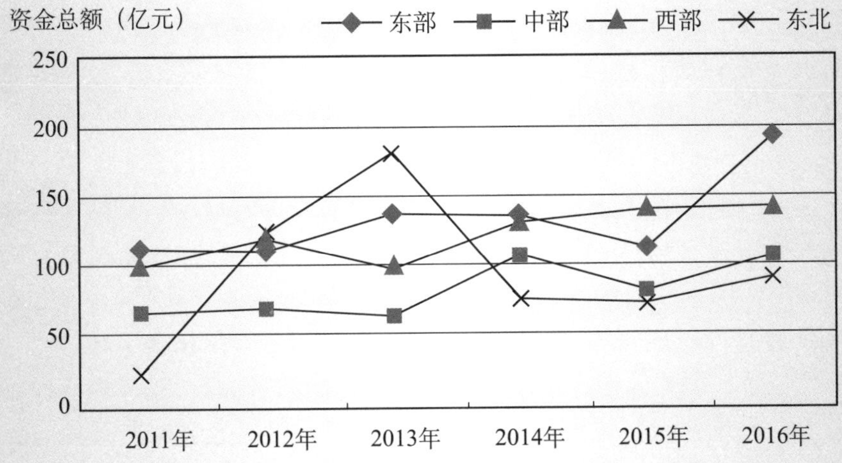

图3-12 2011—2016年各区域森林公园投入资金总额变化情况

入环境建设资金26.35亿元，占全国投入环境建设资金的46.19%，比2015年增加3.97亿元，同比增长17.74%；中部地区森林公园共投入环境建设资金16.01亿元，占投入环境建设资金的28.07%，比2015年增加3.08亿元，同比增长23.82%；西部地区森林公园共投入环境建设资金12.11亿元，占投入环境建设资金的21.23%，比2015年增加0.32亿元，同比增长2.71%；东北地区森林公园共投入环境建设资金2.57亿元，占投入环境建设资金的4.51%，比2015年减少2.01亿元，同比减少43.89%，2011-2016年各区域森林公园投入环境建设资金总额变化情况详见图3－13。

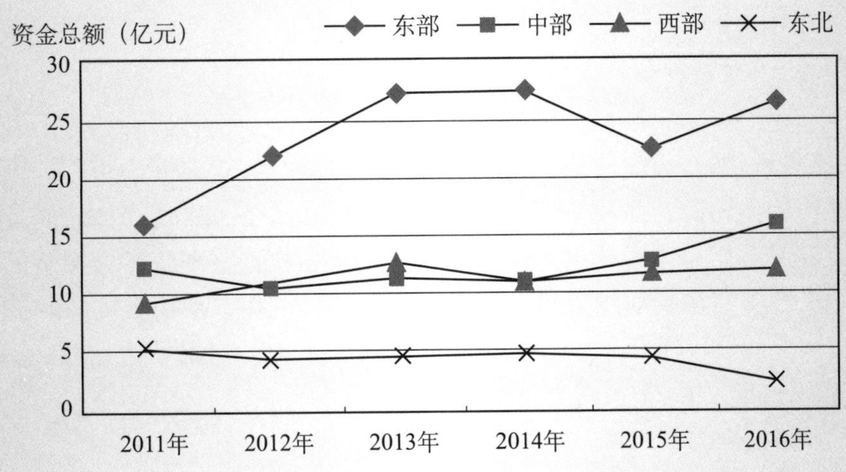

图3-13 2011—2016年各区域森林公园投入环境建设资金总额变化情况

2. 国家鼓励社会资本参与森林旅游发展建设

2016 年，国家林业局森林旅游管理办公室印发《关于开展森林旅游吸纳社会投资情况调查的通知》（林园旅字〔2016〕6 号），对开展森林旅游吸纳社会投资情况进行了调查。调查结果显示，目前各类森林旅游地吸纳社会投资总额约 1400 亿元。在 2016 中国森林旅游投资与服务洽谈会和签约仪式上，森林旅游投资、森林体验与森林养生项目建设等签约金额达 230 亿元，充分说明森林旅游已成为社会资本投资热点。随后，国家发展和改革委员会联合国家林业局发布了《关于运用政府和社会资本合作模式推进林业建设的指导意见》（发改农经〔2016〕2455 号），提出“在保持生态系统完整性和稳定性的前提下，鼓励社会资本参与森林公园、湿地公园、沙漠公园等园区保护站（点）、宣传教育设施，交通和旅游服务设施建设，采取使用权入股、联营、租赁等多种形式参与保护地的经营活动，提高保护和管理水平，为社会提供更好的生态服务”。河北省印发《关于加大改革创新力度　鼓励社会力量参与林业建设的意见》，出台 22 条支持措施，成立河北省林业生态建设投资公司，省财政先期注资 6 亿元资本金撬动政策性贷款 20 亿元用于太行山绿化。

（三）全国森林旅游游客量精准统计系统建设

4 月，国家林业局森林旅游管理办公室印发《关于建立全国森林旅游游客量精准统计系统的通知》，正式建立并启动全国森林旅游精准统计报送系统。统计报送系统依托中国森林旅游网，面向全国各类、各级森林等自然资源旅游地，经各地推荐，第一批确定了 166 家作为全国森林旅游游客量精准统计系统的信息采集点。各采集点在每月、每节假日结束次日填报游客量统计数据，为及时准确掌握全国森林旅游游客量数据，不断提高森林旅游的信息化管理和服务水平，为森林旅游助推精准扶贫提供数据支持。

三、示范建设

（一）2016 年度智慧森林旅游试点建设

4 月，国家林业局森林旅游管理办公室开展 2016 年度智慧森林旅游试点建设，试点建设以融合通信与信息技术为基础，以游客互动体验为中心，以一体化的信息管理为保障，运用新一代信息网络技术和装备，实现森林旅游管理与服务、森林旅游体验、森林旅游营销等方面的智能化，实现游客与网络的实时互动，促进各类资源的系统整合、有效保护和合理利用，从而推动森林旅游业向综合型和融合型转型提升，充分发挥“互联网 +”在森林旅游中的功能，提高信息整合和传播能力，提高森林旅游服务和管理水平。

（二）森林体验和森林养生试点建设

7 月，国家林业局森林旅游工作领导小组办公室印发《关于公布第一批全国森林体验基地和全国森林养生基地试点建设名单的通知》（林园旅字〔2016〕18 号）

专栏5 第一批（2016）全国森林体验、养生基地试点建设名单

第一批（2016）全国森林体验基地试点建设名单	第一批（2016）全国森林养生基地试点建设名单
1 辽宁枫林谷森林体验基地	1 河北六里坪森林养生基地
2 吉林红叶岭森林体验基地	2 安徽马仁山森林养生基地
3 吉林红石石峰森林体验基地	3 安徽丫山森林养生基地
4 江苏铁山寺森林体验基地	4 福建旗山森林养生基地
5 江苏黄海森林体验基地	5 湖北潜山森林养生基地
6 湖南杜家冲森林体验基地	6 湖北太子山森林养生基地
7 四川玉屏山森林体验基地	7 湖南青羊湖森林养生基地
8 云南磨盘山森林体验基地	8 广西龙胜温泉森林养生基地
9 甘肃秦州森林体验基地	9 陕西黄陵森林养生基地

(以下简称《通知》)，决定在辽宁枫林谷等18个基地率先开展全国森林体验基地和全国森林养生基地试点建设。《通知》要求各试点基地积极探索，努力创新森林体验和森林养生发展的新方式、新路径，为推动全国森林体验和森林养生发展出经验、树样板。9月，第一批全国森林体验基地和全国森林养生基地试点建设名单报送试点建设工作方案，各试点工作全面展开。这也标志着由林业部门引导的森林体验和森林养生事业正迎来蓬勃发展的春天。

（三）全国森林旅游示范市（县）建设

在国家林业局森林旅游管理办公室的支持和指导下，中国林业产业联合会组织开展2016年全国森林旅游示范市（县）申报命名工作。9月，在国家林业局主办的2016中国森林旅游节开幕式上对确定的36个全国森林旅游示范市(县)进行了授牌仪式。各地媒体进行了广泛报道，社会反响热烈。名单见表3－5和表3－6。

表3–5 全国森林旅游示范市（1处）

序号	省份	数量	示范市
1	湖南省	1	张家界市

表3–6　全国森林旅游示范县（35处）

序号	省份	数量	示范县
1	河北省	1	兴隆县
2	山西省	1	宁武县
3	内蒙古自治区	1	克什克腾旗
4	辽宁省	2	桓仁满族自治县
5			本溪满族自治县
6	吉林省	3	集安市
7			抚松县
8			长白山保护开发区管委会池北区
9	黑龙江省	4	伊春市汤旺河区
10			通河县
11			黑龙江森工大海林林业局
12			亚布力滑雪旅游度假区
13	江苏省	1	盱眙县
14	浙江省	1	安吉县
15	安徽省	3	潜山县
16			青阳县
17			歙县
18	福建省	2	泰宁县
19			建宁县
20	江西省	1	南昌市湾里区
21	山东省	2	邹城市
22			枣庄市山亭区
23	湖北省	2	宜昌市夷陵区
24			神农架林区
25	湖南省	1	新化县
26	广东省	1	平远县
27	重庆市	1	江津区
28	云南省	1	景洪市
29	四川省	1	九寨沟县
30	贵州省	3	施秉县
31			荔波县
32			习水县
33	陕西省	1	眉县
34	宁夏回族自治区	1	泾源县
35	新疆维吾尔自治区	1	巴楚县

（四）开展森林风景资源调查与评价试点

6月，国家林业局森林旅游管理办公室启动江西省森林风景资源调查与评价试点工作，制定了《江西省森林风景资源调查与评价总体方案》和《江西省森林风景资源调查与评价实施细则》，对江西省开展全国森林风景资源调查与评价试点工作提出具体工作要求和目标任务，为推动我国森林风景资源的共性描述、资源本底和有效保护提供依据。

江西省属我国南方重点集体林区，森林覆盖率达63.1%，森林风景资源极其丰富。调查掌握森林风景资源，尤其是对具有稀有性、典型性和突出价值的重要森林风景资源实行分类管理，编制江西省森林公园及重要森林风景资源“一张图”，是强化森林风景资源保护、促进保护与利用水平提升的一项基础性工作，对充分发挥林业的多功能、多效益，进一步推进现代林业及生态文明建设，促进地方经济社会和谐发展等方面具有十分重要的意义。

专栏6　江西省森林风景资源调查与评价实施细则（节选）

一、调查范围与对象

（一）范围

以各国家级森林公园为重点，兼顾省级森林公园、其他类型森林等自然资源旅游地和尚未开展森林等自然资源旅游工作的区域。

（二）对象

调查范围内重要的森林风景资源，包括生物景观资源、水文景观资源、地文景观资源、天象景观资源、人文景观资源等。以单种资源为主体，必要时可针对组合型资源（在空间地域上应是一个连续的景观单元，由几类资源组合构成的具有突出价值的景观整体），如湖泊岛屿、森林草地、峡谷河流等。

二、工作内容与方法

（一）调查与评价内容

1. 调查重要森林风景资源的分布位置、数量、规模等；
2. 调查重要森林风景资源的主要特征；
3. 研究分析重要森林风景资源的成因；
4. 科学评价各类资源的价值；
5. 调查各类重要森林风景资源保护与利用情况；
6. 研究提出针对各类森林风景资源的保护与利用对策。

（二）调查与评价方法

1. 实地调查：对森林风景资源的种类、规模、特征等进行调查和记录，充分运用现代勘查技术、装备和手段，将各种风景资源位置标明在1：10000地形图上，并对资源进行摄像、摄影等工作，掌握翔实的第一手外业调查资料。

2. 资料收集：通过查阅文献资料，包括地方志、拟设立森林公园的可行性研究报告、森林公园总体规划及相关背景资源、研究成果等，搜集有关森林风景资源成因、历史状况、保护利用现状等情况资料，并通过认真全面地阅读、统计和分析，进一步掌握重要森林风景资源的相关信息。

3. 专家咨询：必要时，就森林风景资源成因、价值、保护利用对策等进行专家咨询。

4. 座谈访问：通过与其他相关部门、周边村民座谈、访问等方式，补充完善相关调查与评价资料。

5. 景点评价：在实地调查及资料收集的基础上，按照相关评价标准对每个景点进行客观评价。

三、成果资料

江西省森林风景资源调查与评价成果包括文本、表格、图件、影像资料等部分。

（一）文本

1.《江西省森林风景资源分类体系》

2.《江西省森林风景资源调查报告》

3.《江西省重要森林风景资源名录》

4. 统计报表

（二）图件

1. 重要森林风景资源分布图（包括重要森林风景资源、资源单体等，以1：50万地形图作为底图进行绘制）；

2.《江西省重要森林风景资源相册》。

（三）影像及其他资料

1. 重要森林风景资源影像库；

2. 多媒体等其他相关资料，包括重要的专家咨询记录、座谈访问记录等。

（五）国家级森林公园自然教育示范点建设

国家林业局森林旅游管理办公室继续实施国家级森林公园自然教育示范点建设，选定北京北宫、福建福州、湖南天际岭、贵州百里杜鹃国家森林公园作为2016年度示范点建设单位。项目主要通过编印宣传品、建设解说步道或设置森林课堂等方式，使国家级森林公园具备自然教育的基本条件，推进国家级森林公园自然教育活动的开展与自然教育功能的发挥。

专栏7 关于实施2016年度国家级森林公园自然教育示范点建设项目的通知

林场园便字〔2016〕23号

北京、福建、湖南、贵州省（直辖市）林业厅（局），北京北宫、福建福州、湖南天际岭、贵州百里杜鹃国家森林公园，北京京都风景生态旅游规划设计院有限公司、福建农林大学、中南林业科技大学、西南林业大学：

为有效带动森林公园生态文化传播能力的提升，根据2016年“森林景观与生态文化资源保护”项目预算安排，我站决定继续实施国家级森林公园自然教育示范点建设，并选定北京北宫、福建福州、湖南天际岭、贵州百里杜鹃国家森林公园作为2016年度示范点建设单位。现就实施2016年度国家级森林公园自然教育示范点建设项目有关事项，通知如下。

一、项目主要内容

通过编印宣传品、建设解说步道或设置森林课堂等方式，使国家级森林公园具备自然教育的基本条件，推进国家级森林公园自然教育活动的开展与自然教育功能的发挥。

二、项目实施方式

由国家林业局场圃总站、省级林业主管部门、国家级森林公园、高校专业机构合作实施。国家林业局场圃总站负责提供项目资金、提出项目要求、验收项目成果等，省级林业主管部门负责协调各方关系、督办项目要求、督促项目进度等，国家级森林公园负责提供项目场地、研定项目方案、协助项目建设等，高校专业机构负责使用项目资金、制定项目方案、实施项目建设等。

三、项目时间安排

（一）启动项目实施

2016年4月底前，国家林业局场圃总站召集各有关单位（通知另发），讲解项目要求，落实各方责任，正式启动项目。

（二）签订项目合同

2016年5月中旬前，国家林业局场圃总站与高校专业机构、国家级森林公园签订项目合同，向高校专业机构拨付项目资金。

（三）制定项目方案

2016年8月底前，高校专业机构与国家级森林公园共同研究制定项目方案，经省级林业主管部门审查后，报国家林业局场圃总站备案。

（四）实施项目建设

2016年12月底前，高校专业机构在国家级森林公园协助下，按照项目方案实施并完成项目建设，经省级林业主管部门核查后，向国家林业局报送项目成果报告。

各有关单位要充分认识国家级森林公园自然教育示范点建设的重要性，高度重视，协力推进，规范实施，确保2016年度国家级森林公园自然教育示范点建设项目的按期高质完成。

特此通知。

国家林业局场圃总站

2016年4月14日

第四章

产业发展

- 总体发展规模
- 依托森林公园的森林旅游发展情况
- 森林旅游助推精准扶贫

第四章　产业发展

森林旅游，不仅仅是旅游业的重要分支，更已成为林业第三产业中最大的增长点。2016 年，森林旅游已成为各地区域经济发展的重要组成部分。

一、总体发展规模

截至 2016 年年底，全国森林旅游直接收入 1300 亿元，同比增长 30.00%；创造社会综合产值 9500 亿元，占 2016 年国内旅游消费（39000 亿元）的 24.36%，同比增长 21.79%；全年接待游客量 12 亿人次，占 2016 年国内旅游人数（44.4 亿人次）的 27.03%，同比增长 14.29%；森林旅游管理和服务人员数量达 25.3 万人，同比增长 3.27%，其中，导游和解说人员约 4.1 万人，同比增长 7.89%。

二、依托森林公园的森林旅游发展情况

1. 旅游收入

2016 年，全国森林公园创造的社会综合产值近 984.44 亿元，比 2015 年增加 113.47 亿元，同比增长 13.03%。全国森林公园旅游收入总额达 781.61 亿元，比 2015 年增加 76.01 亿元，同比增长 10.77%。其中，门票收入 151.73 亿元，比 2015 年增加 16.87 亿元，同比增长 12.51%，占全国森林公园总收入 19.41%；食宿收入 333.13 亿元，比 2015 年增加 24.14 亿元，同比增长 7.81%，占全国森林公园总收入的 42.62%；娱乐收入 73.71 亿元，比 2015 年增加 21.18 亿元，同比增长 40.32%，占全国森林公园总收入的 9.43%；其他收入 223.04 亿元，比 2015 年增加 13.82 亿元，同比增长 6.61%，占全国森林公园总收入的 28.54%，详见图 4－1。

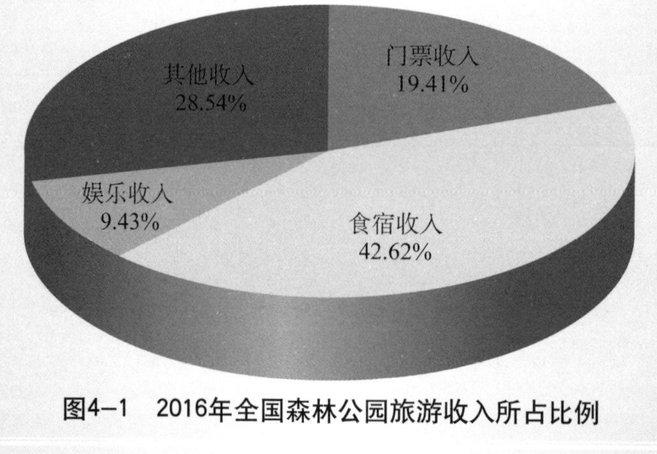

图4–1　2016年全国森林公园旅游收入所占比例

2013－2016 年全国森林公园旅游收入情况，详见图 4－2；2016 年全国森林公园旅游收入（省份、森工集团）排名名单详见表 4－1。

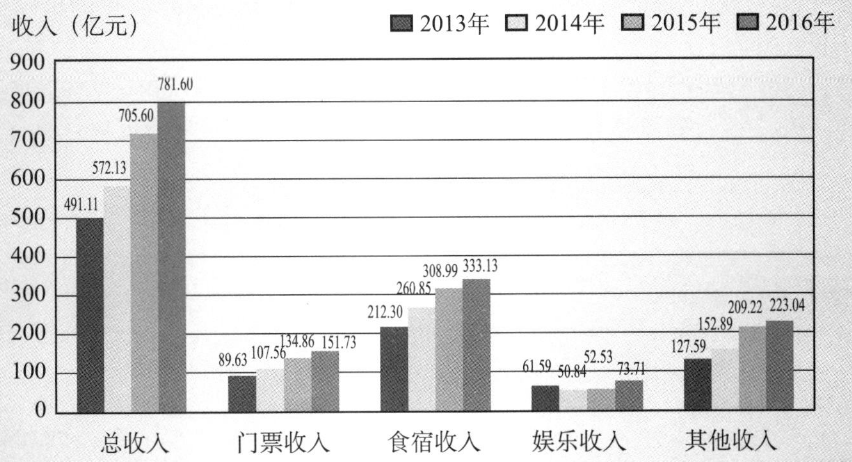

图4－2　2013—2016年全国森林公园旅游收入情况

表4－1　2016年全国森林公园旅游收入（省份、森工集团）排名名单

序号	地区	旅游收入（亿元）	序号	地区	旅游收入（亿元）
1	浙　江	217.09	19	陕　西	8.53
2	江　西	106.92	20	安　徽	8.05
3	贵　州	54.18	21	黑龙江	6.43
4	四　川	50.80	22	新　疆	3.98
5	湖　南	37.15	23	海　南	3.69
6	江　苏	36.70	24	北　京	3.48
7	重　庆	31.23	25	云　南	2.69
8	吉　林	30.62	26	西　藏	1.63
9	广　东	30.15	27	甘　肃	1.28
10	山　东	23.85	28	内蒙古森工	1.24
11	广　西	22.57	29	青　海	1.15
12	湖　北	19.42	30	内蒙古	1.10
13	龙江森工	18.46	31	上　海	0.89
14	河　北	13.29	32	宁　夏	0.50
15	河　南	12.02	33	吉林森工	0.29
16	辽　宁	11.85	34	天　津	0.26
17	山　西	10.50	35	大兴安岭	0.17
18	福　建	9.43			

2. 游客人数

2016 年，全国实际调查的 3288（全国总数 3392）处森林公园（含白山市国家森林旅游区）共接待游客 9.17 亿人次，占国内旅游总人数的 20.8%，比 2015 年增长 1.22 亿人次，同比增长 15.35%。其中，海外游客 0.15 亿人次，比 2015 年增长 0.01 亿人次，同比增长 7.14%，占全国森林公园游客总人数的 1.64%。2016 年全国森林公园游客总数(省份、森工集团)排名名单详见表 4－2，2010－2016 年森林公园旅游游客总数及海外游客人数变化情况详见图 4－3。

表4–2　2016年全国森林公园游客总数（省份、森工集团）排名名单

序号	地区	旅游总人数（万人次）	序号	地区	旅游总人数（万人次）
1	广　东	19810.06	19	新　疆	1236.98
2	江　西	7770.92	20	云　南	1044.47
3	浙　江	6422.79	21	北　京	1009.84
4	江　苏	5957.41	22	甘　肃	965.15
5	重　庆	5578.49	23	广　西	960.77
6	山　东	4631.90	24	黑龙江	788.22
7	贵　州	4580.48	25	上　海	586.04
8	湖　南	4478.14	26	龙江森工	561.65
9	四　川	3286.73	27	内蒙古	473.54
10	河　南	3159.11	28	青　海	339.80
11	湖　北	2807.34	29	海　南	234.19
12	山　西	2584.50	30	宁　夏	212.01
13	福　建	2421.12	31	内蒙古森工	123.83
14	辽　宁	2392.14	32	西　藏	50.08
15	安　徽	2282.25	33	天　津	34.00
16	陕　西	1810.65	34	吉林森工	32.90
17	河　北	1594.17	35	大兴安岭	16.06
18	吉　林	1444.04			

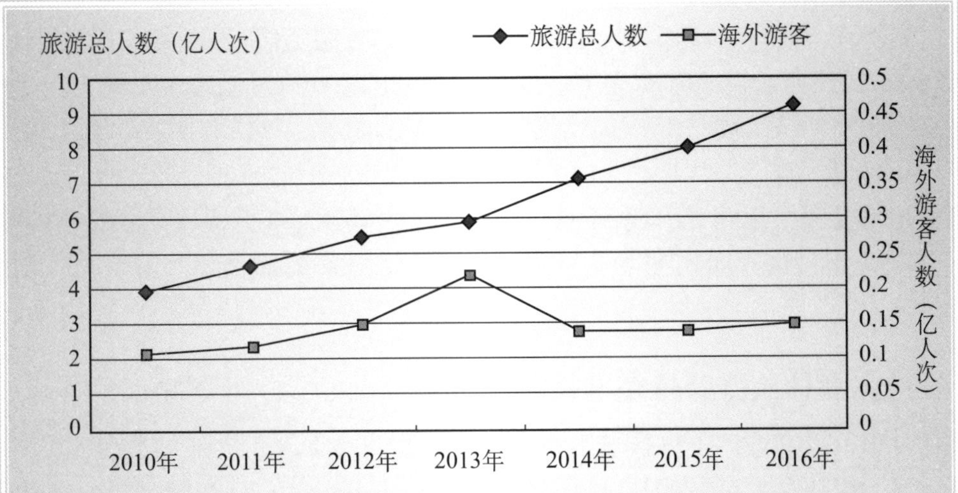

图4-3　2010–2016年森林公园旅游游客总数及海外游客人数变化情况

3. 旅游从业人员

截至2016年年底，全国森林公园旅游从业人员达19.68万人，比2015年增加0.78万人，同比增长4.13%。其中，从事管理与服务的职工18.02万人，占全国森林公园旅游从业人员总数的91.57%，比2015年增加0.79万人，同比增长4.59%；导游人员1.66万人，占全国森林公园旅游从业人员总数的8.43%，比2015年减少0.01万人，同比减少0.60%。社会旅游从业人员90.93万人，比2015年增加6.51万人，同比增长7.71%。2013–2016年全国森林公园旅游从业人员变化情况详见图4–4。

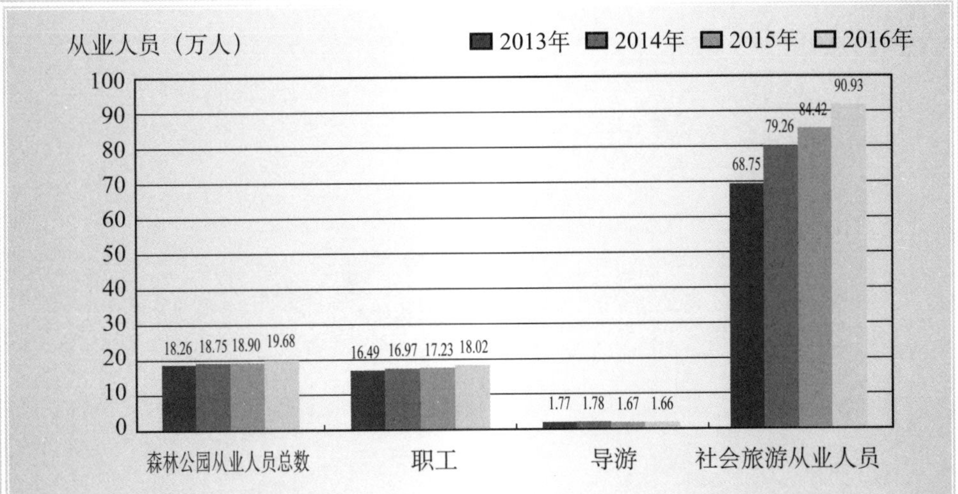

图4–4　2013–2016年全国森林公园旅游从业人员变化情况

4. 公益性开放

据不完全统计，2016 年全国有 1083 处森林公园免收门票，比 2015 年增加 107 处，同比增长 10.96%；其中，免收门票的国家级森林公园 211 处，比 2015 年减少 6 处，同比减少 2.77%。享受免费服务的游客达 2.18 亿人次，比 2015 年增长 0.27 亿人次，同比增长 14.14%，占本年度森林公园游客总人数的 23.77%；其中，享受免费服务的国家级森林公园游客达 6784.02 万人次，比 2015 年减少 702.45 万人次，同比减少 9.38%，占本年度国家级森林公园游客总人数的 13.70%。

三、森林旅游助推精准扶贫

为深入贯彻落实中央扶贫工作会议精神和《关于创新机制扎实推进农村扶贫开发工作的意见》《中国农村扶贫开发纲要（2011－2020 年）》要求，结合林业自身实际，国家林业局于2016年印发了《林业发展“十三五”规划》，规划指出：鼓励引导贫困农民、林区贫困职工利用当地生态资源，大力发展特色经济林、森林旅游等绿色产业。“十三五”期间，国家林业局把森林旅游扶贫作为林业扶贫工作的重点内容之一，依托贫困地区的森林等自然资源，发挥森林旅游的强劲带动作用，以就业援助、产业带动、创业带动、示范引导、教育培训等措施，大力发展森林旅游助推精准扶贫。

2016 年，国家林业局印发《关于开展森林旅游助推精准扶贫情况摸底调查的通知》（林场发〔2016〕42 号），要求森林旅游助推精准扶贫摸底调查范围面向全国，重点是面向与中央签署了脱贫攻坚责任书的中西部 22 个省（自治区、直辖市）。为进一步发挥森林旅游在助推精准扶贫中的突出作用，国家林业局森林旅游管理办公室组织开展了森林旅游助推精准扶贫情况调查，并撰写《森林旅游助推精准扶贫调查报告》（图 4－5）。

图4–5　森林旅游助推精准扶贫调查报告

（一）森林旅游助推扶贫人数和增收情况

全国森林旅游助推精准扶贫惠及 34.83 万户 110.64 万人，年户均增收 3500 元。其中，依托森林公园、湿地公园等森林旅游地的建设发展实现创收的建档立卡贫困户为 16.36 万户，占森林旅游扶贫总户数的 46.97%，年户均增收 4168 元，年增收总额 6.8175 亿元；依托其他森林等自然资源发展森林旅游直接或间接实现收益的建档立卡贫困户为 18.47 万户，占森林旅游扶贫总户数的 53.03%，年户均增收 3144 元，年增收总额 5.7878 亿元。

（二）森林旅游扶贫主要途径的带动成效

通过摸底调查掌握了贫困人口依托森林旅游实现增收的四条主要途径，分别是就业、个体经营、种养业和生产加工、租赁和资源入股，四者互为补充、各有所长。从现状的带动面来看，从大到小依次为：种养业和生产加工（64.80%）、就业（18.26%）、个体经营（12.28%）、租赁和资源入股（3.20%）。但从带动强度看，从大到小依次为：就业（年户均增收 6162 元）、个体经营（年户均增收 4547 元）、租赁和资源入股（年户均增收 4072 元）、种养业和生产加工（年户均增收 2394 元）。详见图 4－6。从这两组数字可以看出，目前森林旅游的带动还是处于起步阶段，带动面主要靠最简单的种养业和生产加工，且收益有限。随着森林旅游扶贫潜力的逐步发挥，种养业和生产加工的效益必将进一步发挥，更重要的是，就业、个体经营、租赁和资源入股的带动面必将进一步拓宽。

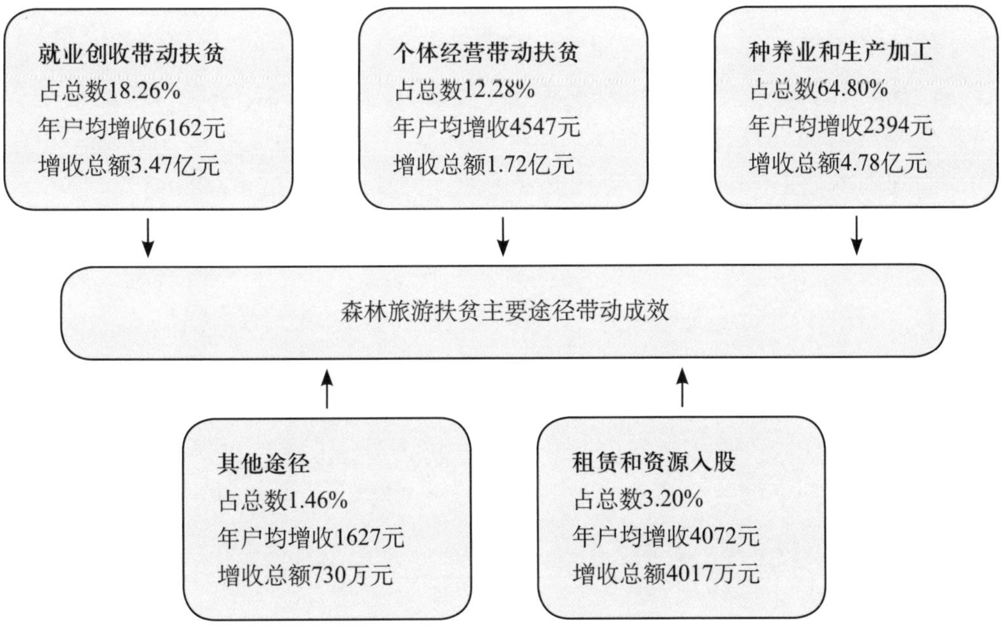

图4–6　森林旅游扶贫主要途径的带动成效

同时，在摸底调查工作中也发现了一批森林旅游在助推精准扶贫中成效卓著的典型案例。实践证明，在贫困地区大力发展林业，利用森林资源发展森林旅游，即可以吸纳贫困人口就业增收，增加林产品有效供给，又有效改善了生态状况，促进生态保护与脱贫增收协调发展。

（三）做强森林旅游是助推精准扶贫的基本前提

对于各类森林旅游地，它们像是带动当地森林旅游产业链条的火车头，火车跑得快不快全靠车头带。一些相对成熟的森林旅游地，一方面能带动产业链条的延伸，另一方面能放大每一个节点的功效，包括就业、餐饮、娱乐、物资、运输、销售、投资、金融等。以森林人家为例，根据全国性的摸底调查，平均1户森林人家能带动15人就业、50人增收。但如果森林旅游地自身发展不足，每年停留在几百、几千人次的游客量上，那这些带动也就无从谈起了。

（四）森林旅游助推精准扶贫对策

要加强行业引导和推动力度，出台指导性文件，引导全行业把扶贫作为一项重要任务，加大政策扶持力度，把现有投融资政策与扶贫工作挂钩，建立有利于森林旅游发展的投资、财政、税务、金融、人才、土地等政策体系，充分发挥集体组织、社团组织的作用，形成政府、集体、投资商、农民以及其他多种主体构成的森林旅游扶贫格局。

把扶持贫困地区的森林旅游地发展作为“十三五”时期的重要任务，扶持手段包括：一是在中央预算内投资安排上向贫困地区的森林旅游地倾斜；二是在搭建森林旅游投资与服务洽谈平台中向贫困地区的森林旅游地倾斜，鼓励投资商、服务商参与贫困地区的森林旅游建设发展；三是加大对贫困地区森林旅游工作的业务指导，加大人员培训力度；四是推出一批贫困地区的特色森林旅游线路、重点森林旅游地和重点森林旅游产品，借助中国森林旅游节等活动平台及其他媒介，加大宣传推介力度，拓展森林旅游市场；五是在政策性融资项目和以民间资本为主体的专项基金投资安排上，向贫困地区的森林旅游地倾斜。

要加快推动森林旅游提质升级，推动森林旅游从以观光旅游为主向观光旅游与休闲度假、运动养生、文化教育等并重转变。积极培育森林体验、森林养生、冰雪旅游、运动旅游等新业态，提高满足公众需求能力，拓展森林旅游市场，做大做强森林旅游产业，从而更好地发挥森林旅游在助推精准扶贫中的重要作用。

深化扶贫工作，提高扶贫成效，引导发展“森林人家”和“森林小镇”。重点扶持一批旅游发展定位准确、管理服务体系健全、示范带动效果显著的森林旅游龙头企业，形成地区性的森林旅游发展驱动力。

第五章

宣传推介

- 节庆活动
- 主题活动
- 媒体作品制作
- 森林旅游网络平台
- 其他宣传形式

第五章　宣传推介

2016 年，国家对加快推进旅游业发展给予了高度重视，广大游客也期待旅游业能够有更大更好的作为，以不断提高生活质量和水平，森林旅游形势一片大好。各级林业部门把握机会，结合当地的森林资源发展规律和特点，突出强化市场宣传引导功能，通过科学高效的宣传营销来引领森林旅游工作，促进和推动森林旅游业的发展。

一、节庆活动

1. 中国森林旅游节

“中国森林旅游节”是我国林业行业中规模最大、影响力最强的节庆活动，每年举办一次，是推动全国森林旅游健康发展的重要展示平台、宣传平台、交流平台和合作平台。

9 月 24 ~ 26 日，国家林业局与吉林省人民政府在长白山举办 2016 中国森林旅游节，由吉林省林业厅、吉林省长白山管委会承办，活动主题是“绿水青山就是金山银山·冰天雪地也是金山银山”。全国政治协商会议副主席罗富和，国家林业局党组书记、局长张建龙，吉林省人民政府副省长隋忠诚，国家林业局党组成员、副局长张永利，国家林业局总经济师张鸿文，湖南省人民代表大会常务委员会副主任谢永，吉林省政治协商会议副主任赵吉光，吉林省人民政府副秘书长于强出席开幕式。中国林业集团公司总经理宋权礼，国家林业局相关司（局）、单位领导等应邀出席开幕式和其他相关活动，来自全国林业行业和政府、企业、社团、高校、科研机构、媒体等 5000 余人参加了开幕式。本届森林旅游节为全国森林旅游行业的管理者、专家学者、投资企业和社会群众提供了一个相互学习交流的平台，来自全国各级林业主管部门、各类森林旅游地、相关政府、社团、企业、媒体、跑友、高校和研究机构的参会人员数量超过 6000 人，其中，主要参会代表 500 人，观摩团代表近 5000 人，马拉松跑友 800 人，是迄今参与人数最多的森林旅游节。

2016 中国森林旅游节的主要内容包括：

“一个开幕式”；

“二个展示”——全国森林旅游风光展示、全国生态休闲产品展示；

“三个论坛”——长白山国际生态论坛、森林休闲与健康高峰论坛、吉林省国土绿化与绿色发展高层论坛；

“五个仪式”——新设立国家森林公园、全国森林旅游示范市和示范县、“2016‘中林杯’国家森林公园风光摄影大赛”、中国科学院长白山院士工作站授牌、“中国人与生物圈长白山保护奖”获奖者颁奖）；

“六个会议”——全国森林旅游推介会、全国森林旅游投资与服务洽谈会、全国森林旅游座谈会暨《中国森林旅游产业理论与实践研究及信息化管理平台》课题中期报告会、中国林业产业联合会森林旅游分会常务理事会、3D+VR技术应用演示会、“国际自然保护区联盟”第四次成员大会；

“一项赛事”——长白山森林马拉松赛事。

大会内容丰富，举办了恢宏壮观的开幕式，组织开展了“全国森林旅游风光展示”和“生态休闲产品展示”。通过视频、图片、图文和实物等多种方式展示全国森林旅游概况及其发展成果，使与会人员和参与群众现场感受中国森林旅游的建设成就。各类活动内容普遍富有前瞻性、学术性和实用性，吸引现场听众积极参与，互动气氛活跃，收到较好的交流与研讨效果。授予湖南省张家界、河北省兴隆县、山西宁武县、内蒙古克什克腾旗等36家单位为“2016全国森林旅游示范县和示范市”；为黑龙江双子山、江苏黄海海滨等12处新设立的国家级森林公园授牌。举办了首届森林马拉松，跑友们一致肯定了中国森林马拉松的比赛场地和赛事模式，为举办中国森林马拉松系列赛奠定了良好的群众基础。

2016年长白山国际生态论坛继续秉承“加强自然保护，传承生态文明”的宗旨，举行了包括“自然保护区建设与管理”等生物多样性研究和保护、大数据时代的生态系统精准保护、创新生态理论与发展生态经济等分论坛，并举行了“国际自然保护区联盟”培训等活动。本次论坛对深刻理解、助力生态文明建设与可持续发展目标实现，助力国家公园体制建设，同时为东北地区乃至全国的生态文明制度建设和国家公园体制建设提供了良好的论题论点、决策参考等智力支持。

全国300余家生产企业、300余家旅行社到场观摩并参与了相关活动，近100家媒体对活动进行了跟踪报道。投资与服务洽谈会邀请了吉林森工集团、上海景域集团、奇瑞房车露营地、中景恒基集团、绿友机械集团、环绿生态景观建设集团、绿维创景文旅集团等35家企业和众多森林公园、景区参加；合作签约仪式签署了16个森林旅游、生态休闲、森林康养等项目，在2016中国森林旅游投资与服务洽谈会和签约仪式上，实现签约金额230亿元。

中央电视台新闻联播和晚间新闻对2016中国森林旅游节的盛况进行了报道，2015年全国森林旅游人数达到10.5亿人次，创造社会综合产值7800亿元，森林旅游社会影响进一步扩大。2016年，以中国森林旅游网、《中国绿色时报》、中国林业网为主体的媒体宣传工作大量铺开，宣传面及宣传深度进一步加强。中央人民政府网、《人民日报》《光明日报》以及各地政府官网对森林旅游的宣传和报道力度进一步加强。各类宣传推介让森林旅游深入人心。

2. 2016中国（温州）森林旅游节

2016年4月29日，由浙江省生态文化协会、浙江省林业厅、温州市人民政府主办的2016中国（温州）森林旅游节隆重开幕。作为2016中国森林旅游节的分会场，浙江省以节庆活动为契机，大力发展森林旅游，充分发挥林业的重要作用，加快发展森林休闲养生业，以丰富的森林景观、优质的森林环境、健康的森林产品、深厚的森林文化为基础，加快修复森林古道，大力建设森林特色小镇、森林人家，精心打造“进森林氧吧、品森林美食、赏森林美景”的一流森林休闲养生福地，全面增强生态产品生产能力，将更多更好的生态产品奉献给人民，实现市民得健康、农民获效益、生态受保护、产业促发展的良性发展局面。

3. 第四届北京森林文化节

2016年3月26日，由北京市园林绿化局主办的第四届北京森林文化节在西山国家森林公园启动。与往年相比，本届森林文化节内容丰富多彩，以西山国家森林公园踏青节、百望山森林公园山花节等为代表的踏青赏花、体验教育、观赏红叶、历史人文、音乐摄影、休闲采摘等七类百余场文化活动，极大地丰富了北京市民的休闲生活。

4. 重庆百万市民国际森林日走进森林旅游地

2016年3月19～21日，为宣传纪念第四个“国际森林日”，重庆市林业局和重庆市生态文化协会作为主办，重庆境内130处市级以上森林公园、湿地公园、自然保护区（包括87个市级以上森林公园、26个市级以上湿地公园、17个市级以上自然保护区）免费向市民开放，与2015年相比开放时间增加1天，开放数量增加8处，依靠本地自然教育公益组织在鸿恩寺森林公园和北碚区状元小学分别开展了面向亲子家庭和学生的森林体验活动，超过120个家庭和200名学生积极参与，让儿童和青少年从玩耍中树立了正确的生态道德观和生态文明理念，其创新的内容和形式赢得家长和孩子的高度赞誉。

5. 2016中国湖南张家界国际森林保护节

2016年10月18日，以“森林保护，旅游扶贫”为主题的2016中国湖南张家界国际森林保护节在张家界武陵源水绕四门生态广场盛装启幕。张家界国际森林保护节是我国唯一以弘扬生态文明、宣传森林保护为主旨的公益性节庆活动，已成功举办17届。本次活动旨在立足森林资源和生态优势，展示交流森林保护、森林旅游、绿色生态产业发展成果与经验，探索创新将“绿水青山”向“金山银山”蝶变的旅游扶贫之路。大会期间，湖南省林业厅和广东省林业厅签署了《森林旅游发展战略合作协议》，召开了武陵山片区森林旅游扶贫研讨会暨媒体互动会，举行了张家界武陵源自行车穿越森林挑战赛、“醉美武陵盆景”博览会、观看了森林保护题材电影《梦萦张家界》等一系列活动，取得圆满成功。

6. 2016崇明森林旅游节

2016崇明森林旅游节于9月10日拉开帷幕，历时约50天。此次活动以“绿色崇明生态之旅”为主题，活动定位于“大众的节日”。活动内容包括激情狂欢、生态美食、休闲运动和民俗文化四大板块54项特色鲜明的主题活动。来自世界各地的25辆花车集体亮相，炫彩夺目的花车和载歌载舞的文艺表演向市民和游客展示了不同的民族文化和异域风情。为培育"吃在崇明"这一旅游消费品牌，在森林旅游节期间，同时举办崇明金秋美食节，最大限度地满足市民的消费需求，更体现了以人为本的办节理念。首届崇明休闲体育大会的举办，旨在把崇明打造成为运动休闲岛的同时，进一步丰富生态岛建设内涵、提升人民群众的幸福感、让体育融入生活。崇明不仅拥有弥足珍贵的自然生态环境，更有着浓郁厚重的民俗风情。9月下旬开始，灶花艺术节、晓瀛杯戏曲曲艺艺术节、第二届崇明孔子文化节、长寿文化节等活动相继推出，重点突出旅游宣传、民俗展示等内容，挖掘和宣传崇明民俗文化，丰富广大市民的文化生活，活跃崇明文化生活氛围，推动崇明全域旅游的发展。

7. 2016木兰围场首届国际旅游文化季暨金莲花艺术节

7月24日，2016木兰围场首届国际旅游文化季暨金莲花艺术节在塞罕坝国家森林公园正式拉开帷幕。本届文化节以展现围场优美的自然环境和厚重的满蒙历史文化为主题，充分发掘塞罕坝艰苦奋斗精神，提高围场生态旅游知名度和影响力，共推出草原旗袍秀、承德工艺品及土特产品展、木兰围场皇家御道国际自行车挑战赛、烤全羊大赛、草原瑜伽表演、"相约木兰围场"摄影大展暨中外摄影家大PK、航空表演、木兰围场赏花节、歌舞音乐会、木兰围场旅游推介会暨2016"百万游客游木兰"十项活动。此次文化节是承德国际旅游文化节的重要组成部分，通过宣传优美的生态旅游资源、浓郁的木兰秋狝文化、悠久的满蒙民俗风情，拓展客源市场，不断提高木兰围场旅游品牌知名度和美誉度，使木兰围场真正成为环京津最佳休闲旅游目的地和国家生态示范区，全面提升木兰围场的美誉度和竞争力，推动围场走出河北、唱响全国、享誉世界。

其他各地森林旅游节庆活动见表5－1。

表5–1 森林旅游节庆活动一览表

序号	活动名称	主办单位	承办单位	开幕时间（月.日）	地点	活动主题
1	中国（温州）森林旅游节	浙江省生态文化协会、省林业厅、温州市人民政府	温州市林业局、温州市旅游局、平阳县人民政府	4.29	温州市平阳县	山海平阳•生态森林
2	浙江省（磐安）第二届森林休闲养生节暨第四届杜鹃花节	浙江省生态文化协会、浙江省旅游协会、浙江省森林旅游协会	磐安县人民政府	4.29	金华市磐安县	浪漫高姥山、醉美七仙湖

（续）

序号	活动名称	主办单位	承办单位	开幕时间（月.日）	地点	活动主题
3	浙江（天台）森林旅游节	浙江省生态文化协会、浙江省森林旅游协会	天台县人民政府	4.27	台州市天台县	拥抱绿色、相约天台
4	2016年四川花卉（果类）生态旅游节	四川省林业厅	宜宾市长宁县人民政府等66个单位	3～12月	宜宾市长宁县人民政府等	花卉（果类）节庆助推扶贫攻坚
5	2016年四川红叶生态旅游节	四川省林业厅	阿坝藏族羌族自治州理县、广元旺苍县、阿坝藏族羌族自治州黑水县、阿坝藏族羌族自治州金川县等4个县（区）	10～11月	阿坝藏族羌族自治州理县、广元旺苍县、阿坝藏族羌族自治州黑水县、阿坝藏族羌族自治州金川县	打造四川省红叶生态旅游节会品牌
6	2016年四川大熊猫生态旅游节	四川省林业厅	宝兴、九寨沟、唐家河、汶川等4个县（区）	10～11月	宝兴、九寨沟、唐家河、汶川等个县（区）	推动大熊猫保护工作，打响“熊猫品牌”
7	2016中国成都森林文化旅游节	国家林业局森林公园管理办公室、四川省林业厅、成都市人民政府	大邑县人民政府、成都市林业和园林管理局	7～12月	成都大邑县	“相约生态大邑、体验自然美景”
8	汉阴油菜花节	陕西省安康市中共汉阴县县委、县政府	汉阴县林业局	3.31	汉阴凤凰山森林公园	文艺演出
9	鬼谷子文化研讨会	陕西省安康市中共石泉县县委、县政府	石泉县林业局	9.01	鬼谷岭森林公园	文化研讨
10	擂鼓台庙会	陕西省安康市紫阳县道教协会	擂鼓台森林公园	8.31	擂鼓台森林公园	庙会
11	黎坪红叶节	陕西省黎坪景区开发公司	黎坪景区开发公司	10.10	黎坪森林公园	红叶节
12	槐花节	陕西省咸阳市永寿县委、县政府	翠屏山森林公园	5.10	翠屏山森林公园	槐花节

（续）

序号	活动名称	主办单位	承办单位	开幕时间（月.日）	地点	活动主题
13	玉华宫冰雪节	陕西省铜川市玉华宫森林公园	玉华宫森林公园	11.1	玉华宫森林公园	冰雪节
14	高山杜鹃花节	陕西省商洛市柞水县政府	牛背梁森林公园	5.1	牛背梁森林公园	杜鹃花节
15	紫荆花节	陕西省西安市户县政府	太平森林公园	4.1	太平森林公园	紫荆花节
16	年俗文化节	江西省梅岭风景名胜区管委会	湾里区委宣传部、湾里区旅游局	2.6至12月	梅岭国家森林公园	重拾年俗、漫步湾里
17	“仰岗杯”2016马拉松赛	江西仰天岗国家森林公园管理处	仰天岗国家森林公园管理处	11.6	仰天岗国家森林公园	我奔跑、我健康、我快乐
18	梨花节	辽宁省旅游局、锦州市人民政府	锦州市旅游局、北镇市人民政府	4.16	北镇市祈福文化广场	参与梨花节活动，到森林公园吸氧健身
19	2016“灏景蓝湾•捷安达”杯首届乐昌爬坡王自行车赛	广东省乐昌市体育局、乐昌市总工会、乐昌供电局、乐昌市旅游局、广东省乐昌林场	乐昌市自行车协会、捷安达（乐昌）专卖店	5.1	广东后洞森林公园	山地自行车爬坡赛
20	广东省2016年“全民游泳健身周”系列活动（河源主会场）暨畅游河源万绿湖活动	广东省河源市体育局、广东省游泳协会	河源市游泳协会、镜花缘旅游区	7.16	广东新丰江国家森林公园	全民游泳健身，共创幸福生活
21	石门国家森林公园首届稻草文化节	广东省广州市石门国家森林公园管理处	石门国家森林公园管理处	8.8	石门公园石门景区桃花源	以社会主义核心价值观为内容设计的稻草造型
22	石门国家森林公园第十四届红叶观赏节推介会	广东省广州市石门国家森林公园管理处	石门国家森林公园管理处	12月	石门国家森林公园	宣传推介石门红叶品牌
23	省港澳摩托车交流比赛	广东省鹤山市汽车、摩托车运动协会	广东大雁山森林公园	6.25	广东大雁山森林公园	摩托车越野比赛

二、主题活动

（一）中国森林氧吧

2016年，由中国绿色时报社《森林与人类》杂志发起开展的第二届“寻找中国森林氧吧”公益活动正式启动。“寻找中国森林氧吧”生态公益行动是一项生态文化普及和森林旅游宣传推介活动，旨在为全社会遴选推介提供森林体验、休闲养生的中国森林精华之地，自2015年启动实施以来，已被越来越多的人认知和接受，受到社会关注、基层林业部门欢迎，产生了日益扩大的社会效益，成为被社会广泛接受的森林旅游品牌。活动启动以来，引起了巨大反响，到“中国森林氧吧”呼吸清新空气，体验自然之美，成为新的时尚。

该活动每年发布一次“中国森林氧吧”榜单。2015年，已有安徽琅琊山国家森林公园等37家单位被列入首批“中国森林氧吧”榜单。2016年10月，中国森林氧吧论坛在北京人民日报社举办，现场公布了安徽皇甫山国家森林公园等47家“第二批中国森林氧吧”名单（表5-2）。入围“中国森林氧吧”榜单的地方都是“空气负离子浓度高、空气清新、空气洁净度高、旅游资源丰富度高、旅游设施良好、离一二线城市距离近”的国家森林公园、国家湿地公园、自然保护区、国家公园、国有林场、风景名胜区等森林生态旅游地。“寻找中国森林氧吧”活动为城市居民和林业主管部门搭建了一个开展森林旅游和森林养生畅

表5-2　第二批(2016年度)47家“中国森林氧吧”名单

序号	省份	名称	数量
1	安　徽	安徽皇甫山国家森林公园	3
2		安徽旌德养生“慢生活”基地	
3		安徽广德县四合乡“富氧民宿”基地	
4	重　庆	重庆彭水县摩围山景区	5
5		重庆市铁山坪森林公园	
6		重庆武陵山国家森林公园	
7		重庆黔江国家森林公园	
8		重庆云阳龙缸景区	
9	福　建	福建三明仙人谷国家森林公园	5
10		福建龙栖山国家级自然保护区	
11		福建泰宁国家级风景名胜区	
12		福建戴云山国家级自然保护区	
13		福建闽江源国家级自然保护区	

（续）

序号	省份	名称	数量
14	广　东	广东帽子峰森林公园	1
15	贵　州	贵州竹海国家森林公园	5
16		贵州龙架山国家森林公园	
17		贵州习水国家森林公园	
18		贵州长坡岭国家森林公园	
19		贵州省贵阳市森林公园	
20	河　北	河北平顶山森林公园	2
21		河北仙台山国家森林公园	
22	河　南	河南焦作云台山风景名胜区	2
23		河南内乡宝天曼国家级自然保护区	
24	黑龙江	黑龙江茅兰沟国家森林公园	2
25		黑龙江清河旅游风景区	
26	湖　南	湖南黄桑国家级自然保护区	4
27		湖南东江湖国家湿地公园	
28		湖南大熊山国家森林公园	
29		湖南小溪国家级自然保护区	
30	吉　林	吉林延边仙峰国家森林公园	2
31		吉林露水河国家森林公园	
32	江　西	江西婺源饶河源国家湿地公园	3
33		江西白水仙风景名胜区	
34		江西羊狮慕景区	
35	辽　宁	辽宁本溪关门山国家森林公园	1
36	内蒙古	内蒙古旺业甸国家森林公园	2
37		内蒙古黑里河国家级自然保护区	
38	山　东	山东寿光滨海国家湿地公园	3
39		山东鲁山国家森林公园	
40		山东沂山国家森林公园	
41	陕　西	陕西省宁东森林公园	5
42		陕西黄柏塬国家级自然保护区	
43		陕西天华山国家森林公园	
44		陕西牛背梁国家级自然保护区	
45		陕西太白山国家森林公园	
46	云　南	云南高黎贡山国家级自然保护区腾冲辖区	1
47	浙　江	浙江安吉县灵峰寺	1

通精准的对接平台。

（二）最美森林古道

“寻找杭州最美森林古道活动”是由杭州市绿化办、杭州市林水局、杭州文广集团联合主办的主题宣传活动。活动通过各地申报、初评、专题片拍摄、微信投票、专家评审等多个环节，最终评选出10条最美杭州森林古道，分别是：西湖风景区十里琅珰森林古道、萧山区萧富森林古道、余杭区径山森林古道、余杭区杭宣森林古道、富阳区龙门山森林古道、富阳区九仰坪森林古道、桐庐县和建德市马岭森林古道、建德市遥岭森林古道、临安市昌宁森林古道、淳安县茶山森林古道。自2015年11月活动启动以来，主办方陆续开展了针对候选森林古道的电视专题片展播、微信专题宣传、微信投票和微信森林古道知识竞赛活动，持续15天的微信投票过程中共收到微信投票24万余票，知识竞赛也有近3000名网友参加。与此同时，主办方携手杭州摄影家协会共同推出“森林古道、古树名木”主题摄影比赛，比赛结果也在揭晓仪式上予以公布。此次活动得到了社会各界的广泛关注，取得了良好的社会反响。揭晓仪式后，市林水局整理汇总“寻找杭州最美森林古道”活动有关视频、摄影、文字材料，编印《杭州森林古道》图文书籍，进一步巩固和扩大杭州森林文化建设的社会影响力，持续践行“绿水青山就是金山银山”的发展理念，继续加强森林古道的资源保护与开发利用，为建设美丽杭州、创造美好生活做出新的贡献。

三、媒体作品制作

（一）摄影大赛

1. 2016“中林杯”森林公园风光摄影大赛

为展示我国丰富的森林旅游资源，呈现森林旅游地的瑰丽景色，培养人们尊重自然、顺应自然、体验自然的情感，激发人们热爱祖国、走进自然的热情，提升森林旅游资源的保护性利用水平，推动我国森林生态旅游业的健康长久发展，在国家林业局森林旅游管理办公室的支持下，中国林业集团公司、中国绿色时报社联合启动以“森林公园·绿色瑰宝”为主题的2016“中林杯”森林公园风光摄影大赛，在2016中国森林旅游节开幕式上举行了2016“中林杯”森林公园风光摄影大赛颁奖仪式，并举办了作品展览。本次摄影作品以组照形式参赛，要求能反映国家森林公园等森林旅游地的美丽风光及森林旅游活动整体情况，共收到800余组近10000张森林旅游地精美摄影作品，经过专家评审等环节，评出特殊贡献奖1名、金奖2名、银奖4名、铜奖8名、优秀奖20名、入围奖72名。摄影作品全面反映了我国各类森林旅游地的风景资源特点，包括森林动植物景观、地貌景观、水体景观、冰雪景观、日出云海以及人文景观和民俗活动等。

2.“森协杯”2016 年最美森林公园景区景点暨摄影优秀作品大赛

4 月 14 日，广东省启动“森协杯”2016 年最美森林公园景区景点暨摄影优秀作品大赛，南方日报社、广州日报社、羊城晚报社、信息时报社、广东电视台等 30 多家媒体进行了跟踪并作重点报道，社会反应热烈。本届“森协杯”大赛由广东省林业厅及省森林公园协会主办，作品来源于广东省各级森林公园，涵盖了珠江三角洲地区、粤东西北地区的 100 多个森林公园，数百个景点，收集到了数百幅优秀摄影作品。摄影大赛全程均不公开参赛作品的作者姓名，对所有作品沿用原始编号提交，评选过程公平、公正、公开。大赛共选出专业摄影作品 31 幅和随手拍摄影作品 30 幅。

3. 2016 年贵州森林旅游风光摄影大赛

6 月 5 日，为展示贵州森林旅游的独特魅力，贵州省举办以“森林旅游康体养身”为主题的 2016 年森林旅游风光摄影大赛。本次大赛由贵州省林业厅主办，贵州省摄影家协会承办。参赛作品拍摄范围为省内各森林旅游景区景点，作品以展示贵州森林旅游景区景点的自然风光和建设成就为重点。参赛作品须以贵州森林旅游景区景点的各类风景资源为拍摄对象，主要包括森林植被景观、地貌景观、水体景观、野生动物景观、冰雪景观、日出云海以及有代表性的人文景观和民俗活动等。本次大赛共评出一等奖 2 幅、二等奖 4 幅、三等奖 6 幅和优秀奖 80 幅。

（二）出版物与影视作品

1.《城郊森林公园理论与实践》

10 月，由国家林业局森林公园管理办公室、福建农林大学、福建省社会科学研究基地生态文明研究中心共同编著的《城郊森林公园理论与实践》一书出

图5–1 《城郊森林公园理论与实践》专著封面

版发行（图 5－1）。全书属“森林公园理论与实践系列”丛书之一，内容包括理论篇、实践篇、国（境）外案例篇、支撑篇，共 29 章，对城郊森林公园运用的基础理论知识进行了梳理和提炼，对各地在城郊森林公园建设发展中的实践经验、具体做法、发展模式进行了研究和总结。

2.《国家森林步道》专著

7 月，国家林业局森林旅游管理办公室组织完成《国家森林步道》专著的编写工作（图 5－2），并陆续开展国内外国家步道的现状研究。

国家森林步道是徒步旅行发展的必要载体。建设国家森林步道，为人们提供走进森林、体验自然、欣赏壮美山川和馥郁文化的机会，同时，它有助于提高森林的多功能利用水平、拓展森林旅游的发展空间、促进生态文明建设。国家森林步道串联高品位的自然与人文资源，可以成为国家形象的新名片。国家森林步道是徒步者挑战自我、树立自信的绝佳途径，是徒步者与沿线居民文化与经济交流的纽带。长距离徒步，也是激发人们探索自然热情、培养人们关爱自然情怀的重要途径。

本书系统介绍了国外步道建设的经验，以便借鉴其成功之道，探索构建符合中国实际的国家森林步道体系。全书对三大洲包括美国、英国、日本等 10 个有代表性国家的国家步道建设进行了系统介绍，内容涵盖国家步道的发展历程、步道特点、法律法规、管理运营等；同时，还以实例的形式，介绍一些单条国家步道的历史、景观体验、步道服务设施和周边服务体系等内容。本书关注了两大重点：一是国家行为，即在国家层面所采取的法律法规、管理措施；二是步道的国家代表性，即在步道的选线上是否选取了能够代表本国典型的自然与景观、

图5－2 《国家森林步道》专著封面

历史与文化特色的地点。国外国家步道的实践表明，国家步道建设的成功，关键在政策制定、部门协调、组织管理、资金投入和线路布局等方面，简而言之，国家步道建设有赖于“国家主导、顶层设计”和“国家推动、地方建设”。其次，发动社会团体和庞大的志愿者队伍，投入到步道的建设、维护、保障之中，也是国家步道建设与发展的重要保障。

3．陕西省推出纪录片《绿色陕西》

陕西省林业厅与陕西电视台录制了七集大型纪录片《绿色陕西》，并在陕西卫视 8 个频道和省内 10 个地市卫视进行了播放。其中“美丽家园”和“来自山林的绿色邀请”两集着重介绍了陕西省青峰峡、黄龙山、天竺山、黄陵、上坝河、牛背梁和吴起退耕还林 7 处森林公园风景资源、特色活动等，全景式呈现陕西广袤美丽的森林风光。

四、森林旅游网络平台

2016 年，中国森林旅游网建设进一步加强（图 5-3）。截至 2016 年年底，高级用户增加 119，发布作品 5000 余篇，点击量 745.6 万，微信阅读量突破 24 万次。网站增设了森林旅游歌曲、森林旅游黄金旅游季、景区博览等频道，加强了网站板块的管理运营和维护，并承担了 2016 中国森林旅游节宣传任务，加强了中国森林旅游节子网的建设，实时发布中国森林旅游节信息和进行报道，运营全国森林旅游游客量精准统计系统，每月、每假日游客量精准统计和测算工作，及时了掌握森林旅游游客量数据，不断提高森林旅游的信息化管理和服务水平。与此同时开发出微博平台和公众号平台，解决了“双微时代”使用新浪、腾讯等第三方平台的安全问题，规避了风险，形成社交传播基本完整模式，极

图5–3　“中国森林旅游网”首页

大地增强了行业宣传能力。

五、其他宣传形式

5月，贵州省林业厅与贵州省旅游局签订了《森林旅游发展备忘录》，与贵州电视台合作拍摄森林公园宣传专题片；上海市林业局继续与《新民晚报》合作开辟专版“生态上海”，着重宣传本市的林业建设成果及森林公园美景活动，取得了良好的社会反响；江西省与江西蓝航传媒有限公司和江西风景独好文化传媒有限公司合作，发行了《航空旅游—江西空港》（“江西森林旅游”专栏）读本5万册，发行了“2016年江西风景独好—森林旅游年票”1万册，在江西广播电台组织了“森林体验、森林养生建设发展”《惠农直播》讲座，使社会公众加深了对“森林体验、森林养生”项目产品的了解；12月，山东省森林生态旅游协会发行“好客山东　森林旅游”年票；四川省支持生态旅游协会围绕“生态旅游经济强省建设”构建生态旅游新媒体集群，形成网络、刊物、微信平台、电视栏目全覆盖的生态旅游宣传营销格局；浙江省组织开展最美古道、最美山峰、森林小镇和森林人家的采访宣传活动，《都市快报》在G20杭州峰会专题推介“浙江最美目的地”中专版介绍“浙江最美山峰、峡谷”；广东省正在编印《广东森林公园集锦》摄影画册和出版《广东森林旅游指南》，宣传推介省内重点森林公园的景区、景点和精品森林旅游线路，预计2017年出版发行。

第六章

社团与企业活动

■ 社团活动

■ 企业活动

第六章　社团与企业活动

2016年，全国森林旅游相关社团通过组织论坛、研讨会、各式大赛、参观学习等活动，继续加强在森林修养、森林发展、森林公园建设等方面的合作与交流，进一步扩展森林旅游的含义和功能。相关旅游企业把握森林旅游发展的新时期，在与森林公园等地的合作中充分发挥企业赞助的独特作用，促进各项长效机制建设，带动森林旅游建设的长足发展。

一、社团活动

1. 中国林学会森林公园分会

中国林学会森林公园分会在甘肃省天水市召开2016年年会暨森林公园主体功能和国家公园建设研讨会。本届学术年会以“森林公园主体功能与国家公园建设”为主题，与会专家学者围绕森林公园发展与国家公园体制建设、森林公园与生态文明建设、森林公园与自然资源教育、森林公园与森林健康产业等展开交流、探讨。年会同时设2个专题分会场，18位专家、学者分别围绕国家森林公园规划中生态文化建设、城郊森林公园建设过程中的非生态行为控制、森林公园与文化旅游融合发展、森林旅游区社区类别特征下差异生态补偿、国家森林公园转型国家公园的发展策略、休闲林业发展、美丽中国建设等内容展开专题研讨。本次年会为广大森林公园和森林旅游的科研工作者、管理者搭建了学习、交流和合作的平台，与会代表相互学习，相互启迪，进一步解放了思想，明确了方向，增强了能力，更好地推动各项工作开展。

2. 中国林业产业联合会森林休闲体验分会

中国林业产业联合会森林休闲体验分会联合浙江省林业厅、义乌市人民政府主办了2016中国森林休闲与健康高峰论坛。本次论坛上，来自中国林业产业联合会、中国林业科学研究院等单位的专家、学者畅所欲言，共同探讨森林体验和森林养生。中国森林休闲与健康高峰论坛是分会自2015年成立推出的学术活动，致力于探索与全民健康相关的森林旅游新理念、新思路、新模式。同时，分会还与义乌市政府签署了《森林休闲体验战略合作框架协议》，双方共同搭建优势互补、互惠互利、共同发展的合作平台。

3. 中国林业生态发展促进会

7月，由中国林业生态发展促进会联合中林集团森林国际旅行社主办的2016中国森林旅游与生态露营发展研讨会在北京举办。会上指出，露营作为一种在全球非常普及的度假形式，与森林旅游的关系密不可分，要通过促进森林旅游升级，改善森林旅游环境，制定生态露营标准，开展生态露营试点，引导推动森林旅游和生态露营的融合发展，打造一批产业要素齐全、产业链条完备、公共服务完善的综合性生态露营地，使之成为森林旅游新的增长极。研讨会以“倡导休闲新方式，森林露营好生活”为主题，专家学者围绕森林公园露营地规划设计、森林康养等议题展开交流、研讨。

4. 广东省森林公园协会

广东省森林公园协会自成立以来，充分发挥协会桥梁和纽带作用，在加强沟通和合作，反映会员意见和合理诉求，提出有关行业政策、行业发展规划和行业标准与规范等方面的意见和建议上发挥了重要作用。2016 年，协会组织开展森林公园质量等级评定试点。为树立森林公园良好社会形象、扩大森林公园的影响力和知名度、提高社会公众对森林公园的关注度，协会组织举办了“森协杯”2016 最美森林公园景区景点评选暨摄影优秀作品大赛、2016 优秀论文 / 规划设计评比大赛，联合省湿地保护协会共同组织开展了走进广东“最美生态”等系列活动。同时，协会加强学习交流，多次组织会员单位进行省内交流活动，并组织会员参加 2016 中国森林旅游节，观摩和考察学习兄弟省的先进做法和经验，极大促进了广东省森林公园和森林旅游业发展。

二、企业活动

2016 年，位于沈阳国家森林公园内的东北亚滑雪场重点对滑雪场内的雪具综合服务大厅、滑雪道、架空索道、代步机、亮化照明设备、监控设备、压雪车等设施设备进行了提升改造，使滑雪场的面貌焕然一新，并举办了“双十一”和“双十二”微信抢滑雪、嬉雪票活动，平安夜点灯活动等，吸引了大量来自辽宁省各地的游客前来游玩。

湖南雪峰山生态文化旅游有限责任公司以湖南穿岩山省级森林公园为载体，以森林旅游为契机，以精准扶贫为突破口，精准帮扶，通过修建农家客栈、开展生态养殖种植、组织民俗文化表演队等形式，积极引导鼓励周边农民参与旅游开发，形成景区和农家相互依存、和谐共生，形成了森林公园建设与美丽乡村建设互促互荣的发展格局。

陕西省黄龙山国家森林公园与上海日出传媒有限责任公司达成协议，投资 10 亿元，修建道路等基础设施和“树顶漫步”项目，打造陕西首家以亲子教育为主题的互动教育体验式森林公园，一期项目计划 2017 年建成开园。

广东省广州市龙头山省级森林公园与四川天耀投资有限公司签订协议，投资 5 亿元，修建道路、电力等基础设施和滑雪场、温泉康养等经营项目，计划 2017 年年底开园。

附　录

一、2016年新增国家级森林公园（1处）

二、2016年新增林业系统国家级自然保护区（16处）

三、2016年新增国家级湿地公园（134处）

四、2016年新增国家级沙漠公园（15处）

五、2016年中国森林旅游大事记

六、2016年中国森林旅游14件大事

一、2016年新增国家级森林公园（1处）

四川鲜水河大峡谷国家森林公园

二、2016年新增林业系统国家级自然保护区（16处）

1. 辽宁省（1处）
   楼子山自然保护区
2. 吉林省（1处）
   通化石湖自然保护区
3. 黑龙江省（4处）
   北极村自然保护区
   公别拉河自然保护区
   碧水中华秋沙鸭自然保护区
   翠北湿地自然保护区
4. 安徽省（1处）
   古井园自然保护区
5. 福建省（1处）
   峨嵋峰自然保护区
6. 江西省（1处）
   婺源森林鸟类自然保护区
7. 河南省（1处）
   高乐山自然保护区
8. 湖北省（1处）
   巴东金丝猴自然保护区
9. 广西壮族自治区（1处）
   银竹老山资源冷杉自然保护区
10. 贵州省（1处）
   佛顶山自然保护区
11. 西藏自治区（1处）
   麦地卡湿地自然保护区
12. 新疆维吾尔自治区（2处）
   霍城四爪陆龟自然保护区
   伊犁小叶白蜡自然保护区

三、2016年新增国家级湿地公园（134处）

1. 天津市（2处）
   天津蓟县州河国家湿地公园
   天津下营环秀湖国家湿地公园
2. 河北省（3处）
   河北任县大陆泽国家湿地公园
   河北卢龙一渠百库国家湿地公园

河北滦平潮河国家湿地公园

3. 山西省（2 处）

山西怀仁口泉河国家湿地公园

山西左权清漳河国家湿地公园

4. 内蒙古自治区（12 处）

内蒙古集宁霸王河国家湿地公园

内蒙古达拉特旗乌兰淖尔国家湿地公园

内蒙古扎赉特绰尔托欣河国家湿地公园

内蒙古科左后旗胡力斯台淖尔国家湿地公园

内蒙古巴林左旗乌力吉沐沦河国家湿地公园

内蒙古满洲里霍勒金布拉格国家湿地公园

内蒙古南木雅克河国家湿地公园

内蒙古乌奴耳长寿湖国家湿地公园

内蒙古呼伦贝尔银岭河国家湿地公园

内蒙古红花尔基伊敏河国家湿地公园

内蒙古柴河固里国家湿地公园

内蒙古莫力达瓦巴彦国家湿地公园

5. 辽宁省（2 处）

辽宁义县大凌河国家湿地公园

辽宁盘锦辽河国家湿地公园

6. 吉林省（2 处）

吉林敦化秋梨沟国家湿地公园

吉林四平架树台湖国家湿地公园

7. 黑龙江省（6 处）

黑龙江哈尔滨阿什河国家湿地公园

黑龙江大庆黑鱼湖国家湿地公园

黑龙江碾子山雅鲁河国家湿地公园

黑龙江黑河坤河国家湿地公园

黑龙江兰西呼兰河国家湿地公园

黑龙江八五八小穆棱河国家湿地公园

8. 江苏省（3 处）

江苏东海西双湖国家湿地公园

江苏兴化里下河国家湿地公园

江苏金坛长荡湖国家湿地公园

9. 浙江省（1 处）

浙江浦江浦阳江国家湿地公园

10. 安徽省（7 处）

安徽庐阳董铺国家湿地公园

安徽肥东管湾国家湿地公园

安徽巢湖半岛国家湿地公园

安徽潜山潜水河国家湿地公园

安徽颍泉泉水湾国家湿地公园

安徽淮北中湖国家湿地公园

安徽蒙城北淝河国家湿地公园

11. 江西省（5 处）

江西莲花莲江国家湿地公园

江西崇义阳明湖国家湿地公园

江西大余章水国家湿地公园

江西全南桃江国家湿地公园

江西万安湖国家湿地公园

12. 山东省（6 处）

山东成武东鱼河国家湿地公园

山东日照西湖国家湿地公园

山东博山五阳湖国家湿地公园

山东高密胶河国家湿地公园

山东兰陵会宝湖国家湿地公园

山东乐陵跃马河国家湿地公园

13. 河南省（3 处）

河南鹿邑惠济河国家湿地公园

河南南乐马颊河国家湿地公园

河南汝州汝河国家湿地公园

14. 湖北省（6 处）

湖北广水徐家河国家湿地公园

湖北十堰郧阳湖国家湿地公园

湖北阳新莲花湖国家湿地公园
湖北监利老江河故道国家湿地公园
湖北嘉鱼珍湖国家湿地公园
湖北十堰泗河国家湿地公园

15. 湖南省（9 处）
湖南麻阳锦江国家湿地公园
湖南永顺猛洞河国家湿地公园
湖南零陵潇水国家湿地公园
湖南汉寿息风湖国家湿地公园
湖南长沙洋湖国家湿地公园
湖南中方㵲水国家湿地公园
湖南嘉禾钟水河国家湿地公园
湖南祁阳浯溪国家湿地公园
湖南临澧道水河国家湿地公园

16. 广东省（7 处）
广东花都湖国家湿地公园
广东开平孔雀湖国家湿地公园
广东阳东寿长河红树林国家湿地公园
广东新会小鸟天堂国家湿地公园
广东四会绥江国家湿地公园
广东连南瑶排梯田国家湿地公园
广东深圳华侨城国家湿地公园

17. 广西壮族自治区（7 处）
广西全州天湖国家湿地公园
广西灌阳灌江国家湿地公园
广西贺州合面狮湖国家湿地公园
广西昭平桂江国家湿地公园
广西忻城乐滩国家湿地公园
广西合山洛灵湖国家湿地公园
广西兴宾三利湖国家湿地公园

18. 海南省（1 处）
海南三亚东河国家湿地公园

19. 重庆市（2 处）
重庆合川三江国家湿地公园
重庆綦江通惠河国家湿地公园

20. 四川省（5 处）
四川沙湾大渡河国家湿地公园
四川炉霍鲜水河国家湿地公园
四川巴塘姊妹湖国家湿地公园
四川江油让水河国家湿地公园
四川渠县柏水湖国家湿地公园

21. 贵州省（9 处）
贵州望谟北盘江国家湿地公园
贵州册亨北盘江国家湿地公园
贵州贵阳百花湖国家湿地公园
贵州独山九十九滩国家湿地公园
贵州台江翁你河国家湿地公园
贵州修文岩鹰湖国家湿地公园
贵州玉屏舞阳河国家湿地公园
贵州黄果树国家湿地公园
贵州印江车家河国家湿地公园

22. 云南省（4 处）
云南保山青华海国家湿地公园
云南泸西黄草洲国家湿地公园
云南兰坪箐花甸国家湿地公园
云南江川星云湖国家湿地公园

23. 西藏自治区（4 处）
西藏贡觉拉妥国家湿地公园
西藏那曲夯错国家湿地公园
西藏日喀则江萨国家湿地公园
西藏边坝炯拉错国家湿地公园

24. 陕西省（7 处）
陕西汉阴观音河国家湿地公园
陕西西安田峪河国家湿地公园
陕西凤翔雍城湖国家湿地公园
陕西耀州沮河国家湿地公园
陕西镇坪曙河源国家湿地公园
陕西礼泉甘河国家湿地公园
陕西石泉汉江莲花古渡国家湿地公园

25. 甘肃省（2 处）
甘肃景泰白墩子盐沼国家湿地公园

甘肃临洮洮河国家湿地公园

26. 青海省（4 处）

青海刚察沙柳河国家湿地公园
青海贵南茫曲国家湿地公园
青海甘德班玛仁拓国家湿地公园
青海达日黄河国家湿地公园

27. 新疆维吾尔自治区（7 处）

新疆阜康特纳格尔国家湿地公园
新疆伊犁雅玛图国家湿地公园
新疆特克斯国家湿地公园
新疆叶城宗朗国家湿地公园
新疆照壁山国家湿地公园
新疆察布查尔伊犁河国家湿地公园
新疆吐鲁番艾丁湖国家湿地公园

28. 中国内蒙古森林工业集团有限责任公司（1 处）

内蒙古绰尔雅多罗国家湿地公园

29. 黑龙江省森林工业总局（1 处）

黑龙江大海林二浪河国家湿地公园

30. 黑龙江省大兴安岭林业管理局（1 处）

黑龙江十八站呼玛河国家湿地公园

31. 新疆生产建设兵团（3 处）

新疆生产建设兵团第七师胡杨河国家湿地公园
新疆生产建设兵团第二师恰拉湖国家湿地公园
新疆生产建设兵团第十师丰庆湖国家湿地公园

四、2016年新增国家级沙漠公园（15处）

1. 河北省（2 处）

河北丰宁小坝子国家沙漠公园
河北围场阿鲁布拉克国家沙漠公园

2. 山西省（5 处）

山西左云鹊儿山国家沙漠公园
山西大同县沙窝国家沙漠公园
山西天镇米薪关国家沙漠公园
山西大同南郊十里河国家沙漠公园
山西新荣五旗国家沙漠公园

3. 湖南省（1 处）

湖南安化云台山国家石漠公园

4. 甘肃省（1 处）

甘肃民勤黄案滩国家沙漠公园

5. 宁夏回族白治区（1 处）

宁夏盐池沙边子国家沙漠公园

6. 新疆维吾尔自治区（5 处）

新疆布尔津县萨尔乌尊国家沙漠公园
新疆玛纳斯土炮营国家沙漠公园
新疆昌吉北沙窝国家沙漠公园
新疆呼图壁马桥子国家沙漠公园
新疆英吉沙萨罕国家沙漠公园

五、2016年中国森林旅游大事记

1 月

7 日，国家林业局印发《国家林业局关于大力推进森林体验和森林养生发展的通知》（林场发〔2016〕3 号）。

25 日，国家林业局印发了《关于做好 2016 年森林旅游安全管理工作的通知》（林园旅字〔2016〕1 号）。

2 月

2 日，国家林业局森林旅游管理办公室与国家发展和改革委员会社会司联合组织《“十三五”国家森林公园保护利用设施建设项目》申报工作。

18 ~ 19 日，国家林业局森林旅游管理办公室组织研究森林旅游扶贫工作，推进森林体验、森林养生发展。

26 日，国家林业局森林旅游工作领导小组办公室（国家林业局森林公园管理办公室）印发《关于启动全国森林体验基地和全国森林养生基地建设试点的通知》（林园旅字〔2016〕17 号）。

29 日至 3 月 3 日，国务院扶贫开发领导小组办公室（简称“国务院扶贫办”）、国家林业局、国家旅游局共同组成调研组，赴重庆进行森林旅游扶贫工作调研。

3 月

4 日，国家林业局森林公园管理办公室组织召开“十三五”国家森林公园保护利用设施建设项目专家评审会。

7 日，国务院扶贫办组织召开乡村旅游和旅游扶贫工作座谈会，会上突出了森林旅游在扶贫工作中的重要地位。

10 日，四川省召开林业生态旅游助力扶贫攻坚启动仪式及经验交流大会。

12 日，由中国绿色时报社《森林与人类》杂志发起开展的“寻找中国森林氧吧”公益活动正式启动。

19 ~ 21 日，为宣传纪念第四个“国际森林日”，重庆 130 处市级以上森林公园、湿地公园、自然保护区（包括 87 个市级以上森林公园、26 个市级以上湿地公园、17 个市级以上自然保护区）免费向市民开放，约 110 万市民在此期间走进森林，享受生态福利。

26 日，由北京市园林绿化局主办的第四届北京森林文化节在西山国家森林公园启动。

28 日，国家林业局印发《国家林业局关于开展森林旅游助推精准扶贫情况摸底调查的通知》（林场发〔2016〕42 号）。

28 日，国家林业局行政许可决定设立四川鲜水河大峡谷国家森林公园。

4 月

4 月，国家林业局森林旅游管理办公室开展 2016 年度智慧森林旅游试点建设。

5 日，国家林业局森林旅游管理办公室印发《关于建立全国森林旅游游客量精准统计系统的通知》（林园旅字〔2016〕2 号），全国森林旅游游客量精准统计系统是依托中国森林旅游网的报送系统，面向全国各类、各级森林等自然资源旅游地，经各地推荐，第一批确定了 166 家作为全国森林旅游游客量精准统计系统的信息采集点。

14 日，广东省启动“森协杯”2016 年最美森林公园景区景点暨摄影优秀作品大赛。

18 ~ 22 日，云南西双版纳举办大森林论坛 2016 年年会，活动主题为“巴黎峰会后的国有林场改革和绿色发展”。

19 ~ 22 日，森林旅游管理办公室相关人员赴吉林长白山管委会商议举办 2016 中国森林旅游节相关事宜，并对当地举办条件进行了考察。

29 日，由浙江省生态文化协会、浙江省林业厅、温州市人民政府主办的 2016 中国（温州）森林旅游节隆重开幕。

5 月

5 月，国家林业局森林旅游管理办公室完成“森林等自然资源旅游标准体系”建设。

5 日，贵州省旅游局更名为省旅游发展委员会揭牌暨与有关部门和单位签订战略合作协议仪式举行。

10 号，由鄂伦春旗旅游协会、达尔滨湖国家森林公园举办的 2016 年鄂伦春达尔滨杜鹃节在毕拉河林业局达尔滨湖国家森林公园开幕。

11 日，贵州第十一届贵州旅游产业发展大会在赤水河畔的茅台镇举办。

23 日，习近平总书记考察伊春林区，深入溪水国家森林公园。

23 ~ 24 日，四川成都举办森林体验和森林养生暨森林旅游创新发展培训班。

30 日，中国森林旅游节组委会办公室（国家林业局森林旅游工作领导小组办公室）召开 2016 中国森林马拉松协调会议。

30 日，森林公园管理办公室召开《生态露营地建设与服务规范》行业标准起草工作第二次讨论会。

30 日至 6 月 1 日，森林旅游管理处组织专家团赴江西省指导森林风景资源调查与评价工作，对江西省开展全国森林风景资源调查与评价试点工作提出具体工作要求和目标任务。

6 月

6 月，国家林业局森林旅游管理办公室启动江西省森林风景资源调查与评价试点工作，制定了《江西省森林风景资源调查与评价总体方案》和《江西省森林风景资源调查与评价实施细则》。

1 日，2016 年贵州森林旅游风光摄影大赛启动。

7 ~ 8 日，2016 年度国家森林公园建设管理研讨班开班仪式在山东省邹城市举行。

22 日，湖南 2016 夏季乡村旅游节暨福寿山乡村音乐会在福寿山森林公园举行。

22 ~ 24 日，云南省森林公园森林旅游专题培训班在昆明顺利召开。

24 日，国家林业局森林旅游管理办公室印发《关于开展森林旅游吸纳社会投资情况调查的通知》（林园旅字〔2016〕6 号）。

27 日至 7 月 5 日，四川省林干校主办、四川省森林旅游服务中心协办 2016 年四川省森林公园管理培训班。

7 月

7 月，国家林业局森林旅游管理办公室组织完成《国家森林步道》读本的编写工作。

7 日，国家林业局森林旅游工作领导小组办公室印发《关于公布第一批全国森林体验基地和全国森林养生基地试点建设名单的通知》（林园旅字〔2016〕18 号）。

13 ~ 15 日，中国林学会森林公园分会 2016 年年会暨森林公园主体功能和国家公园建设研讨会在甘肃省天水市召开。

15 日，2016“中林杯”森林公园风光摄影大赛正式启动。

20 日，京津冀旅游协同发展第六次工作会议在塞罕坝国家森林公园召开，会议通过了《京津冀旅游协同发展行动计划》，签署了《京津冀旅游示范区合作宣言》和《京津冀乡村旅游共建共享合作协议》。

21 日，中国林业产业联合会森林旅游分会开展 2016 年全国森林旅游示范市县申报命名工作。

23 日，2016“冶力关杯”中国拔河公开赛暨第六届甘肃·临潭拔河节在冶力关国家森林公园、国家 4A 级旅游景区隆重开幕。

24 日，2016 中国森林旅游与生态露营研讨会暨中国林促会露营产业发展委员会成立仪式在北京举办。

24 日，2016 木兰围场首届国际旅游文化季暨金莲花艺术节在塞罕坝国家森林公园拉开序幕。

25 日，国家林业局召开 2016 年第 24 次局党组会议，听取了关于森林旅游工作的汇报。

8 月

3 日，江西省林业厅关于印发《江西省省级示范森林公园创建办法》。

9 月

9 月，《2015 中国森林等自然资源旅游发展报告》正式出版。

14 日，国家林业局关于成立国家林业局森林旅游工作领导小组的通知（林场发〔2016〕131 号）。

24 ～ 26 日，由国家林业局和吉林省人民政府主办，长白山保护开发区管委会、吉林省林业厅承办的 2016 中国森林旅游节 • 长白山国际生态论坛在长白山保护开发区池北区举行，主题为“绿水青山就是金山银山 • 冰天雪地也是金山银山”，活动期间还举办了全国森林旅游风光展，全国生态休闲产品展，森林休闲与健康高峰论坛暨 3D+VR 技术应用演示会，森林旅游推介会和森林旅游投资与服务洽谈会及签约仪式。

25 日，2016 中国森林马拉松系列赛在长白山西景区门区广场鸣枪开赛，来自全国各地的 1500 多名运动员参加了马拉松比赛。

30 日，第一批全国森林体验基地和全国森林养生基地试点建设单位报送试点建设工作方案，全面展开试点工作。

10 月

18 日，以“森林保护，旅游扶贫”为主题的 2016 中国湖南张家界国际森林保护节在张家界武陵源水绕四门生态广场开幕。

18 日，四川省甘孜藏族自治州召开森林公园和湿地公园建设培训会。

23 日，中国森林氧吧论坛在北京人民日报社举办，现场公布了安徽皇甫山国家森林公园等第二批 (2016 年度)47 家“中国森林氧吧”名单。

11 月

1 日，2016 中国森林休闲与健康高峰论坛在浙江省义乌市举行。
3 ～ 5 日，内蒙古自治区林业厅在呼和浩特市举办 2016 年全区森林公园主任培训班。
8 日，山东省森林公园管理办公室在济南组织召开了全省森林公园总体规划编制工作推进会。
30 日，国务院办公厅印发《关于湿地保护修复制度方案的通知》（国办发〔2016〕89 号）。

12 月

7 日，2016 年广东省森林公园工作会议暨森林公园建设管理培训班在广州召开。
10 ～ 11 日，首届中国森林康养与医疗旅游论坛在北京举行，主题为“森林•健康•跨界•融合”。
10 日，黑龙江省林业厅在哈尔滨召开全省森林公园管理人员培训班暨全省森林公园工作会议。
12 日，全国旅游先进集体、劳动模范和先进工作者表彰大会在北京召开，林业系统 3 家单位和 5 名个人获得表彰。
13 日，全国森林公园和森林旅游工作座谈会暨国家级森林公园主任培训班在云南省昆明市开班。

六、2016年中国森林旅游14件大事

1. 国家林业局、吉林省人民政府在长白山联合举办 2016 中国森林旅游节。
2. 国家森林公园保护利用设施建设得到国家文化和自然遗产地保护利用设施项目的有力支持。
3. 国家林业局第二十四次党组会研究部署森林旅游工作，成立国家林业局森林旅游工作领导小组及其办公室，国家林业局森林旅游管理办公室设在国有林场和林木种苗工作总站。
4. 国家林业局下发《国家林业局关于大力推进森林体验和森林养生发展的通知》（林场发〔2016〕3 号），国家林业局森林旅游管理办公室启动全国森林体验基地和全国森林养生基地建设试点。

5. 国务院印发《“十三五”全国旅游业发展规划》，明确国家林业局牵头森林旅游工作。
6. 国家林业局森林旅游管理办公室组织指导评选公布36家全国森林旅游示范县、示范市。
7.《森林体验基地质量评定》《森林养生基地质量评定》《国家森林步道建设规范》和《生态露营地建设与管理规范》4项林业行业标准通过专家审定。
8. 国家林业局森林旅游管理办公室建成运行中国森林旅游游客量精准统计系统。
9. 国务院《“十三五”脱贫攻坚规划》将“森林旅游扶贫工程”列入脱贫攻坚重要工程。
10.《林业发展“十三五”规划》将森林旅游作为林业产业工程的重要内容。
11. 国家林业局开展全国森林旅游助推精准扶贫摸底调查。
12. 国家林业局组织召开森林旅游工作座谈会，研究制约森林旅游发展的问题与对策。
13. 国家林业局森林旅游管理办公室组织举办首届中国森林旅游投资与服务洽谈会。
14. 中国森林马拉松鸣枪开跑。

后　记

《2016中国森林等自然资源旅游发展报告》由国家林业局森林旅游工作领导小组办公室和国家林业局调查规划设计院负责组织和编写，国家林业局相关司（局）、直属单位以及北京林业大学参加了本项工作，属集体劳动的成果。

鉴于本报告涉及的数据多、内容广，资料收集难度大，不足之处在所难免，我们诚恳希望广大读者关心和支持我国的森林旅游发展情况，并提出宝贵意见。

我们的联系方式如下。

地址：北京市东城区和平里东街18号

国家林业局森林旅游管理办公室

国家林业局调查规划设计院

电话：010-84239459　010-84238077

E-mail：cxf8915@sina.com

编　者

2017年8月